Cairo
PRACTICAL
Maps

Revised and Expanded Edition

69 Street Maps
Street Index
General Index

The American University in Cairo Press
Cairo   New York

Contents

How to Use the Maps	3
Key to the Maps	3
Key to Map Pages	4
Maps	6
Street Index	75
General Index	87
The Ring Road	91
Cairo Metro	92

Copyright © 2012 by
The American University in Cairo Press
113 Sharia Kasr el Aini, Cairo, Egypt
420 Fifth Avenue, New York, NY 10018
www.aucpress.com

First edition published 1997
This fully revised and expanded edition published 2012

All rights reserved. No part of this publication may be reproduced, stored in a retrieval system, or transmitted in any form or by any means, electronic, mechanical, photocopying, recording, or otherwise, without the prior written permission of the publisher.

Dar el Kutub No. 3192/10
ISBN 978 977 416 405 7

Dar el Kutub Cataloging-in-Publication Data

    Cairo Practical Maps: New Revised Edition.—Cairo: The American University in Cairo Press, 2012
       p.   cm.
    ISBN 978 977 416 405 7
    1. Cairo (Egypt)—Description and Travels   I. Title
    916. 216

1 2 3 4   15 14 13 12

Maps by Connection (Dokki, Cairo) www.egyptinformation.com
Printed in Egypt

How to Use the Maps

- Use the Key to Map Pages overleaf to find which map to consult for a particular part of the city
- Use the Street Index at the back to find an address—street names are listed with a page number and a grid reference in red
- The word *Shari'* ('Street'), normally used in front of the street name, is not included in the index, but *Midan* ('Square') is—if you're looking for Tahrir Square, see under Midan al-Tahrir
- Honorifics such as Dr., al-Sheikh, al-Shahid, etc., which occur at the beginning of many street names, are omitted
- Ignore *al-* when looking up names alphabetically—al-'Uruba, for example, is listed under U
- Use the General Index at the end to find embassies, hotels, and places of interest

Key to the Maps

Key to Map Pages

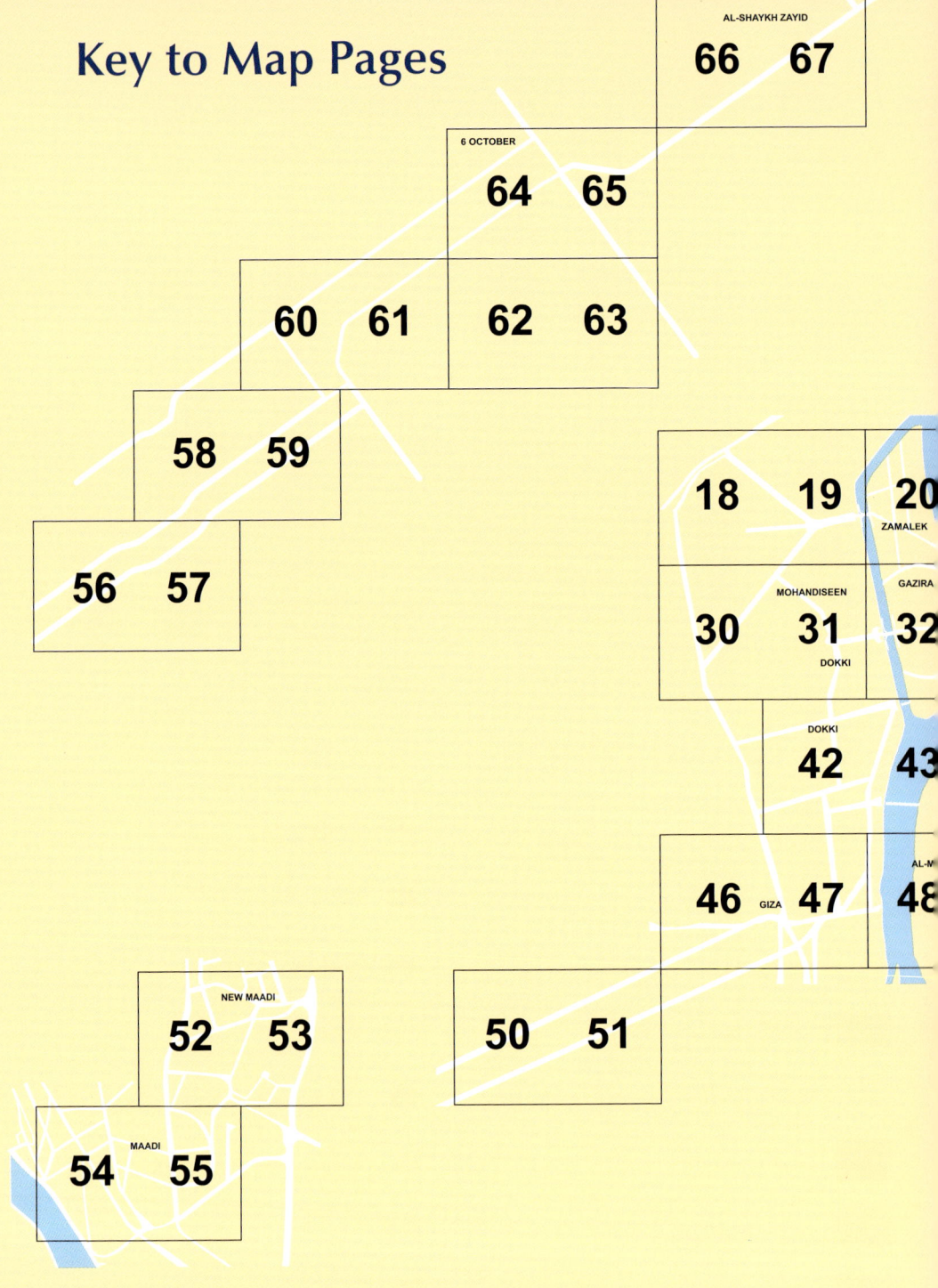

							HELIOPOLIS	
						6	7
				8	9	10	11
		12	13	14	15	16	17
SHUBRA			'ABBASIYA				NASR CITY	
21	22	23	24	25	26	27	28	29
	RAMSIS							
:TOWN	'ATABA	ISLAMIC CAIRO						
33	34	35	36	37	38	39	40	41
:DEN CITY								
44	45							
49								

		NEW CAIRO		AUC
68	69	72	73	74
70	71			

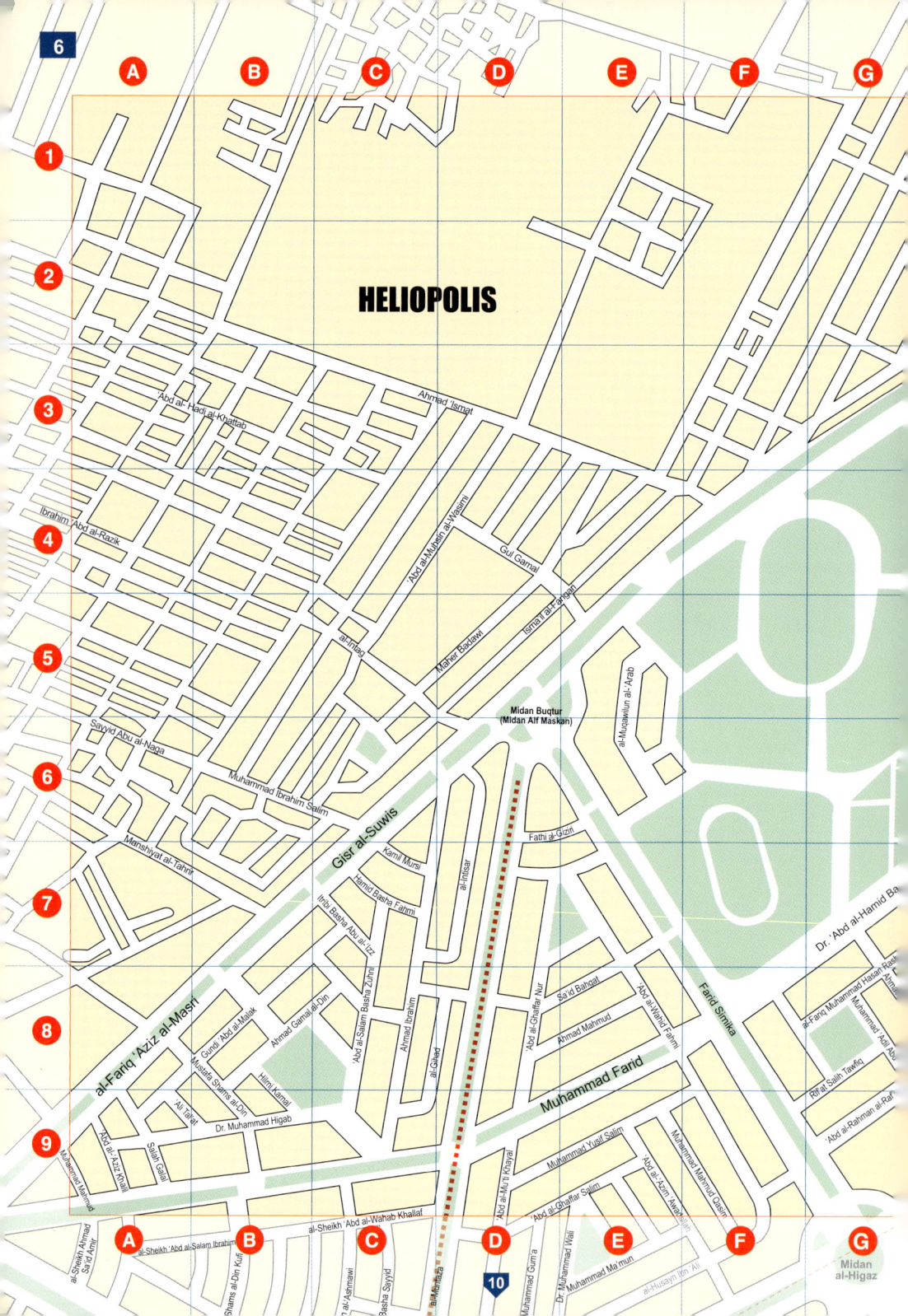

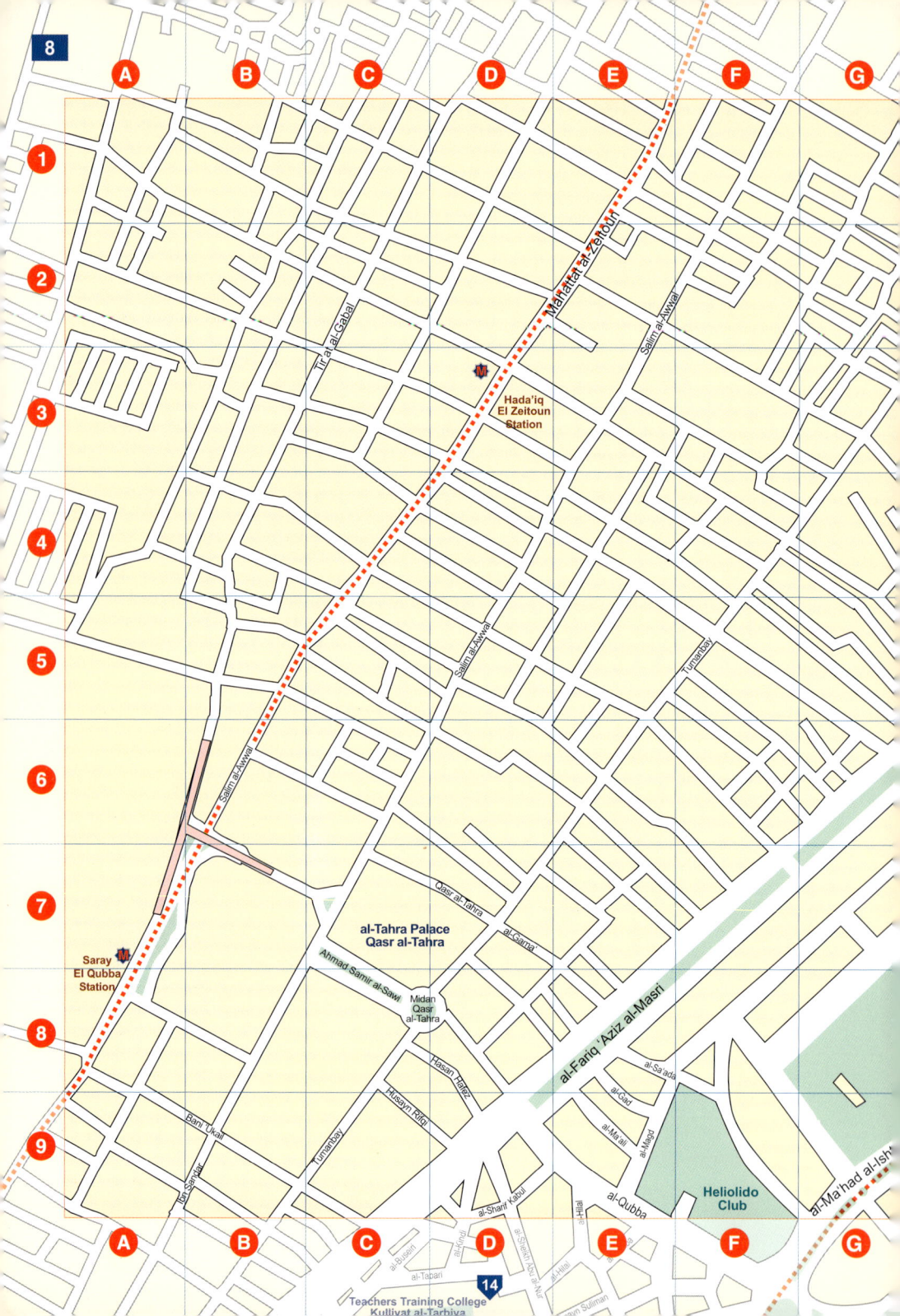

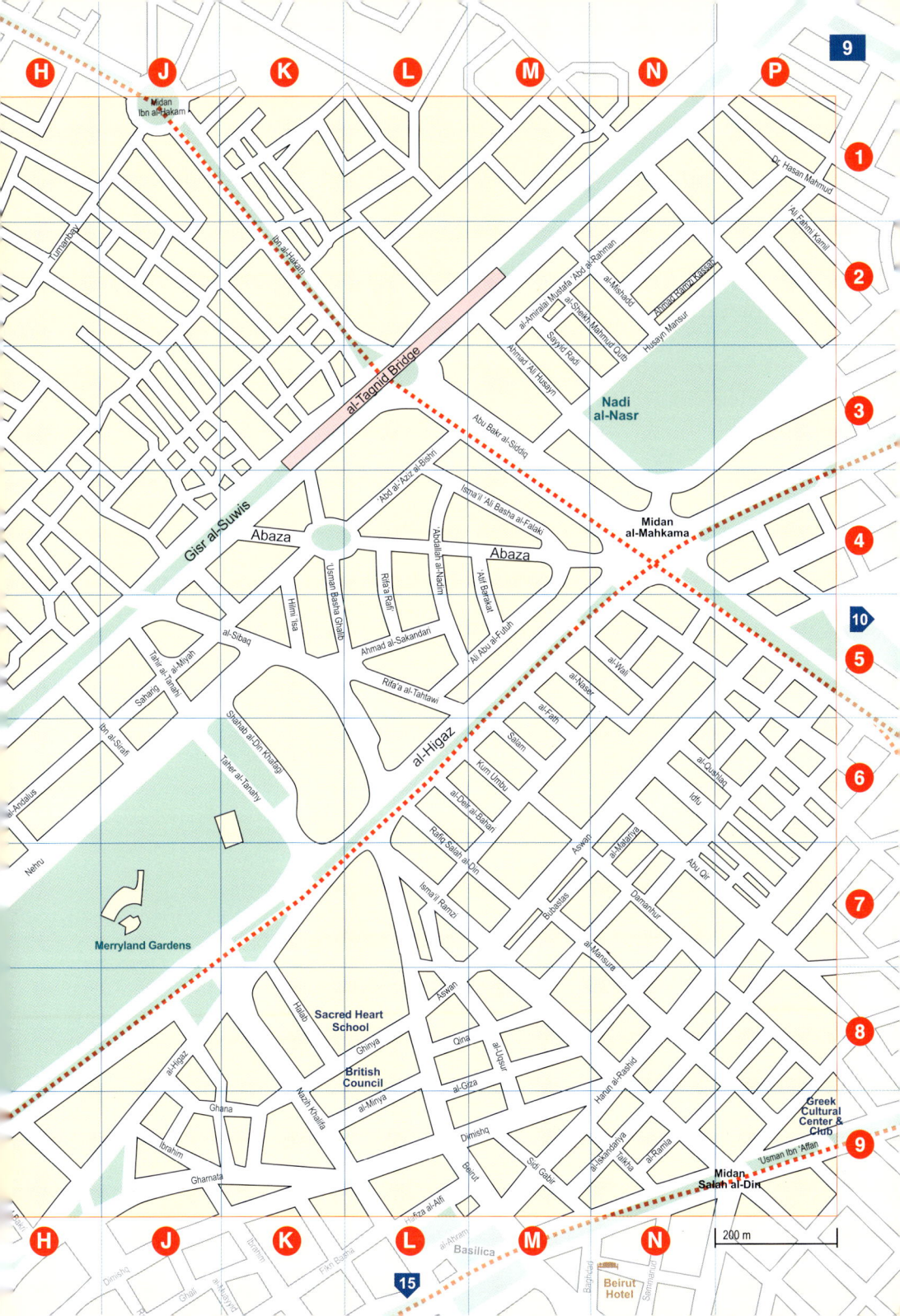

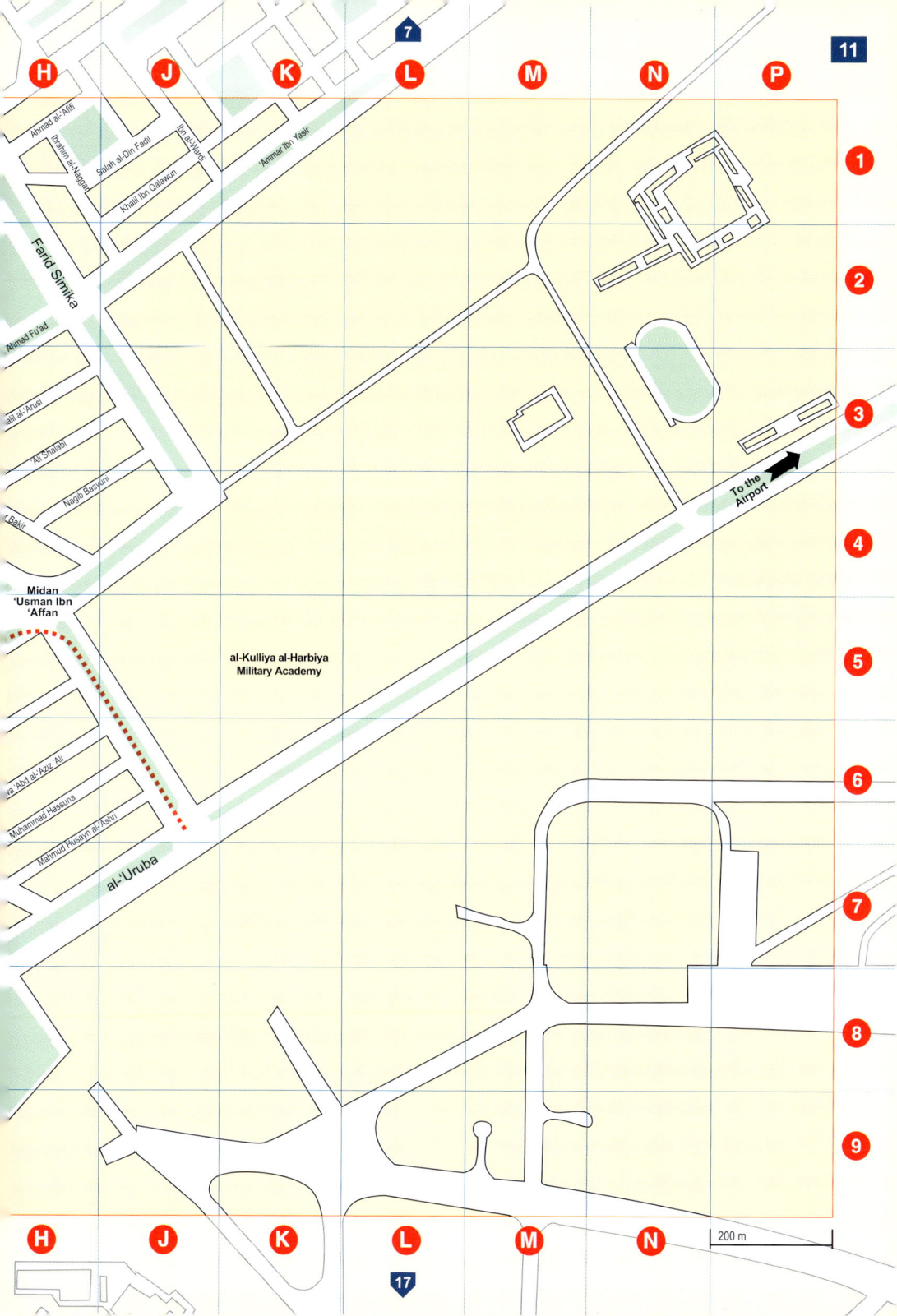

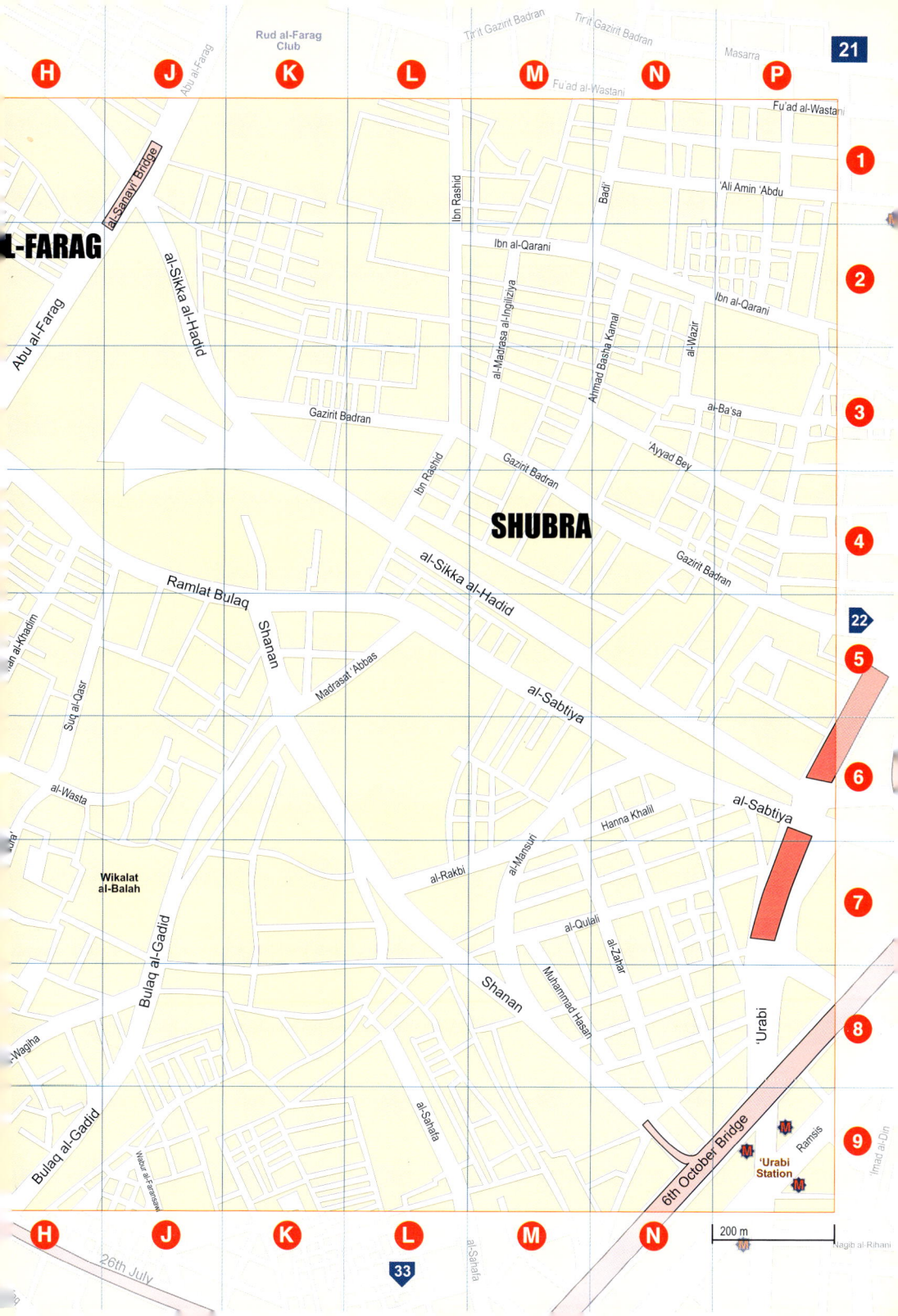

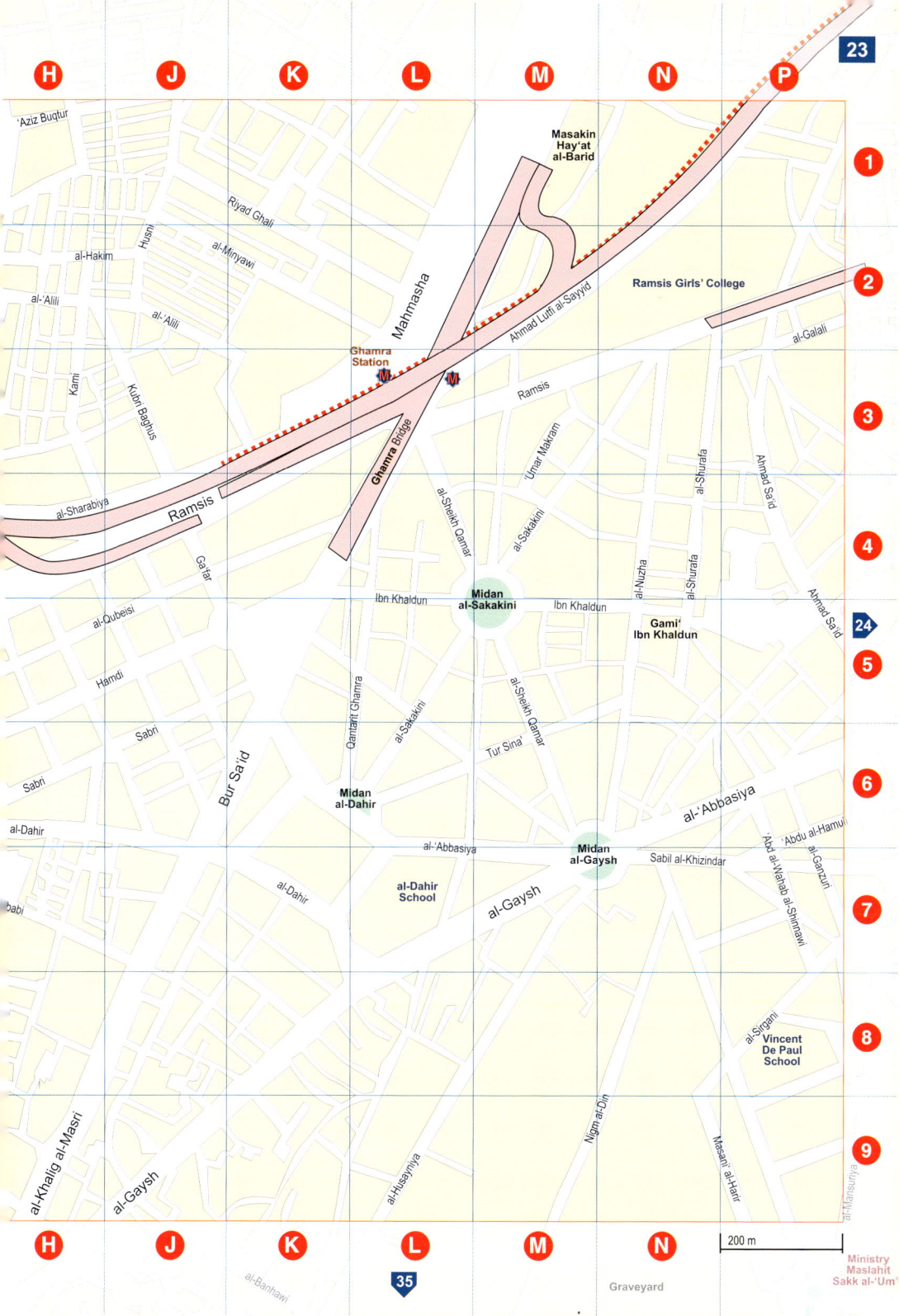

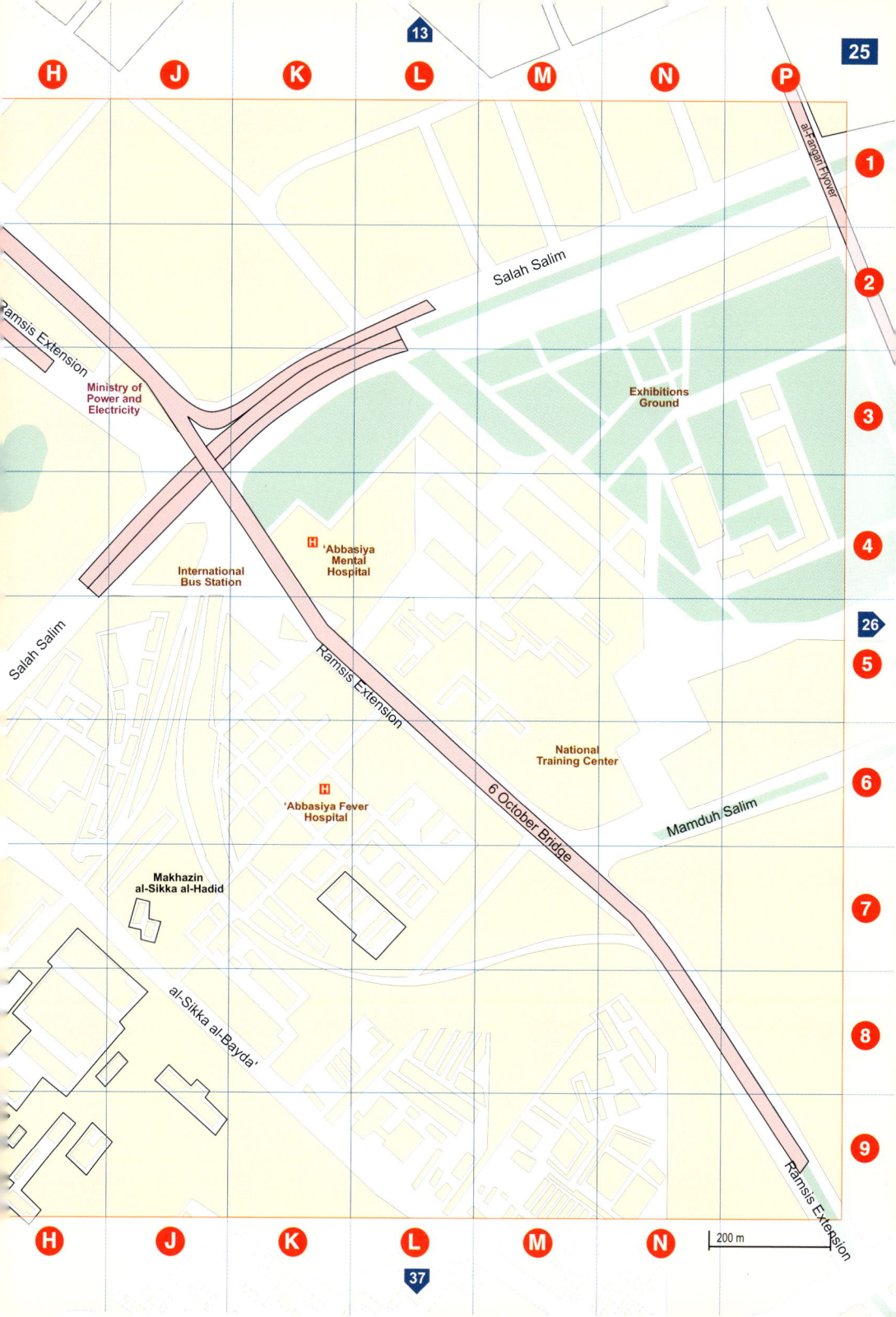

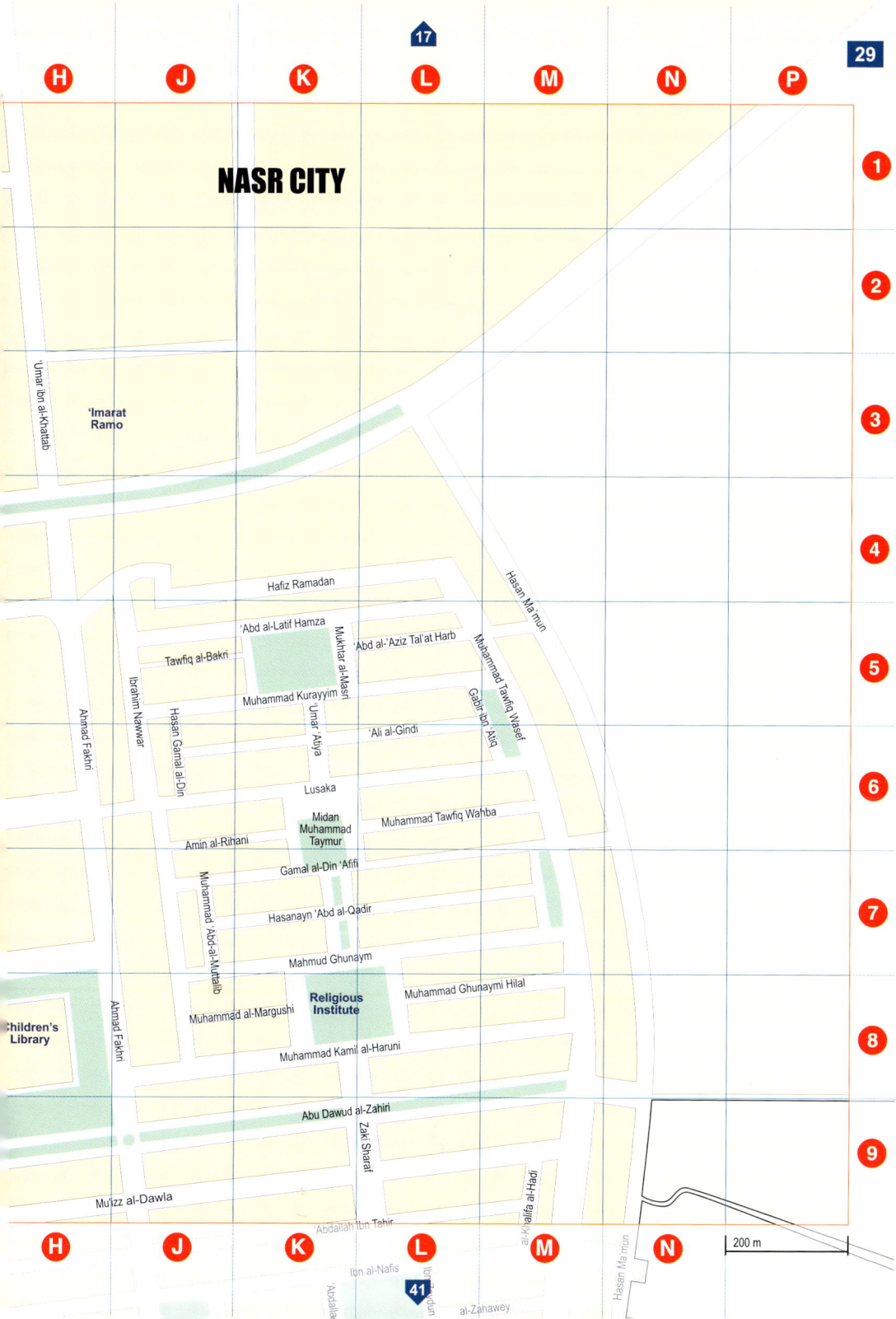

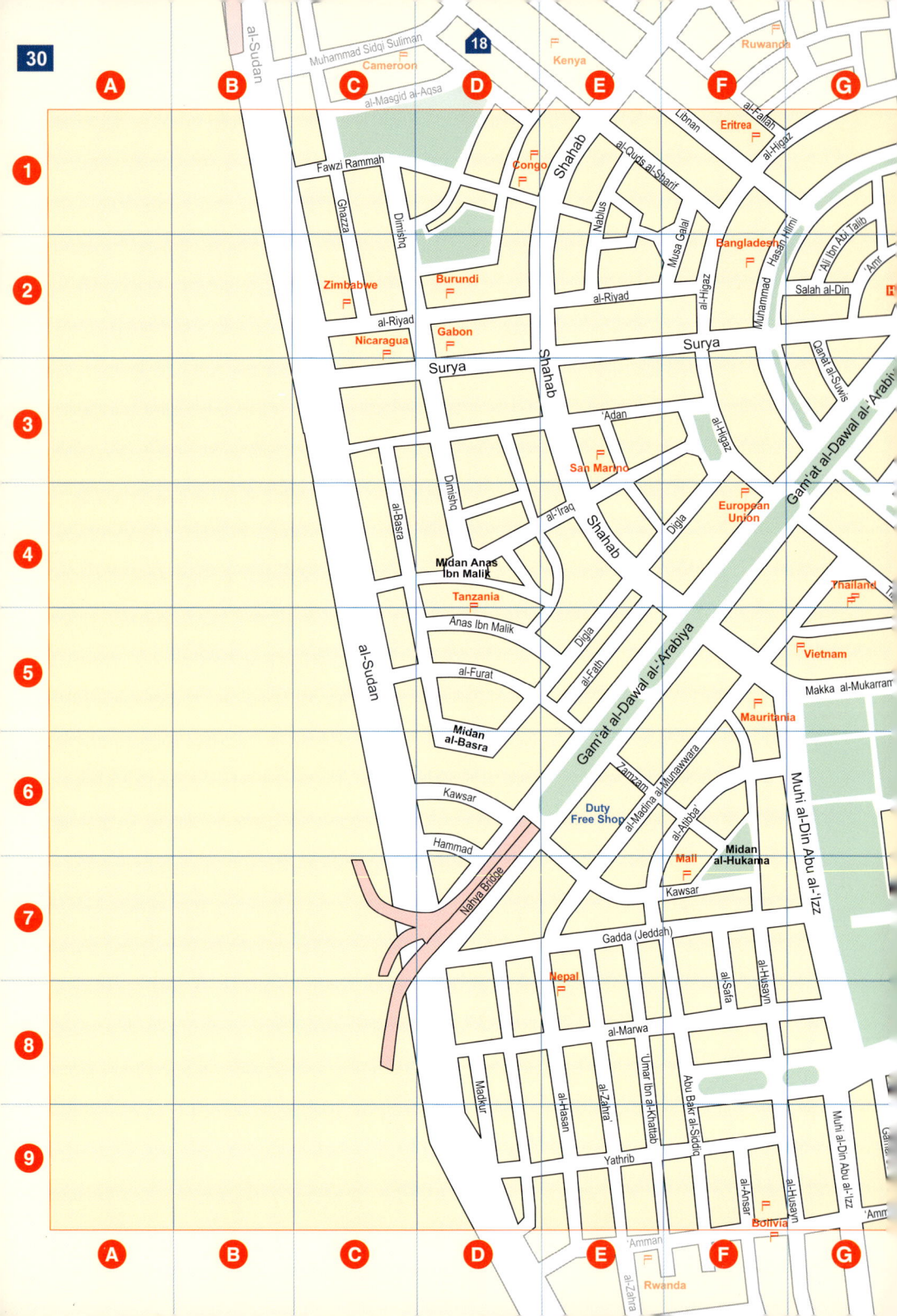

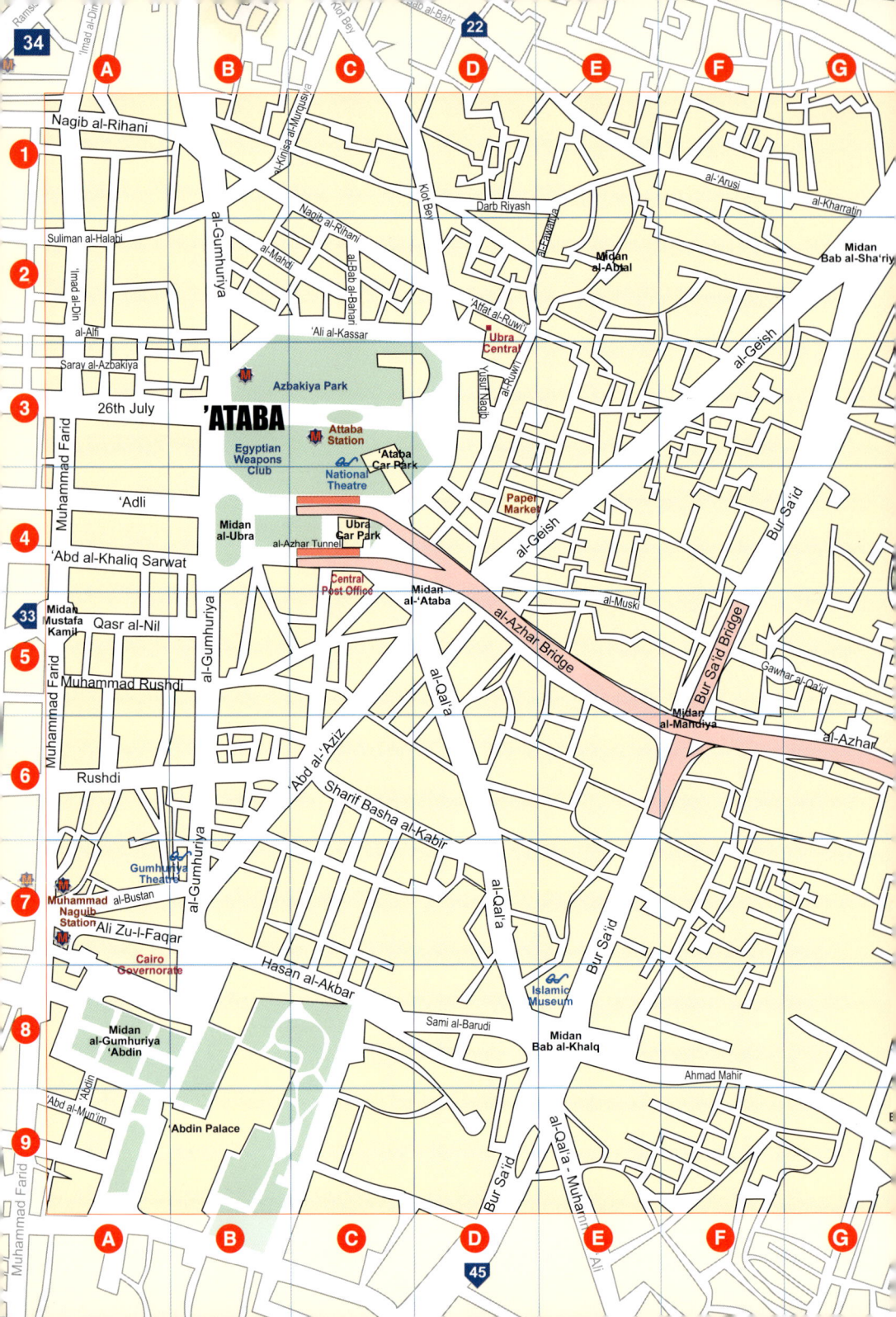

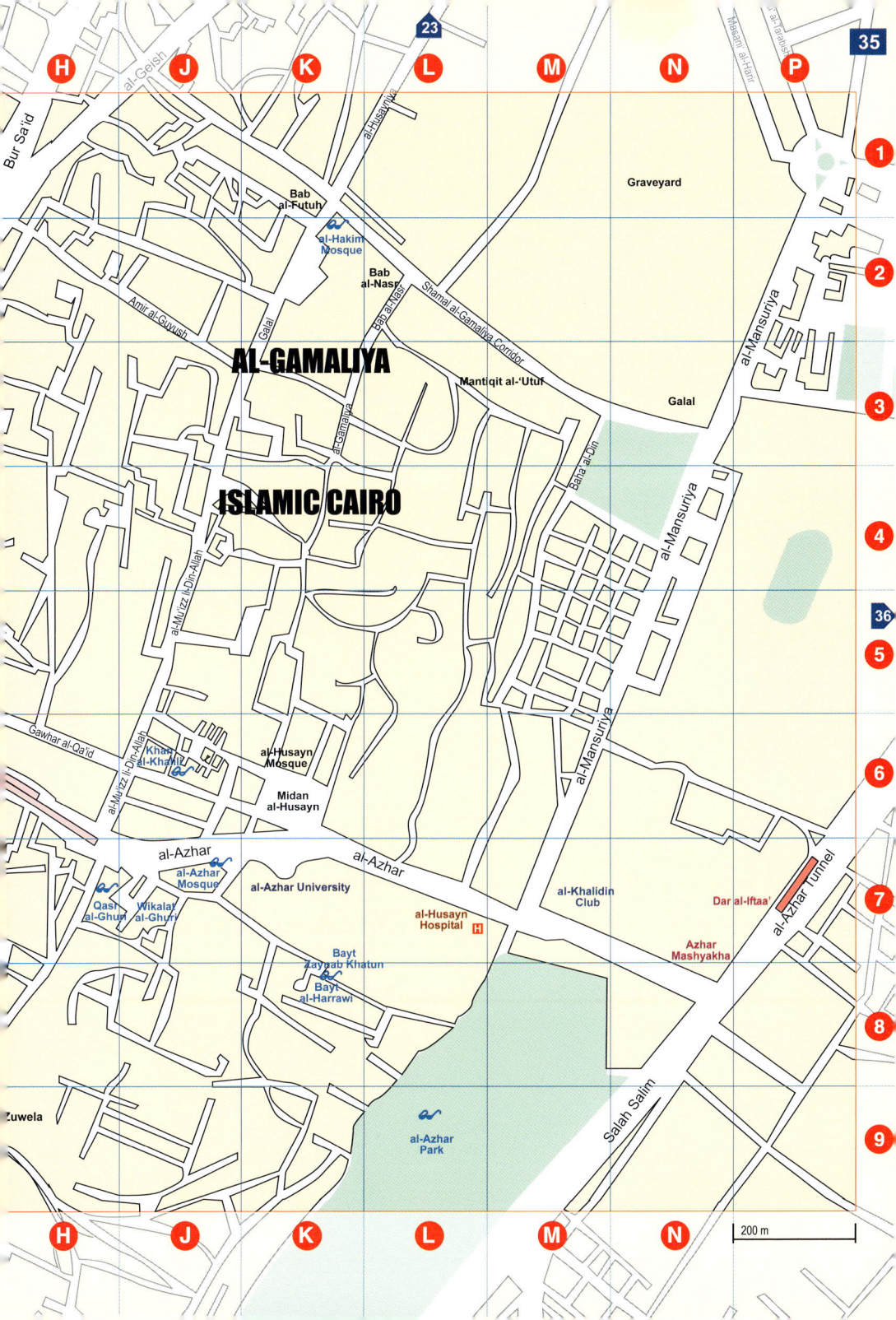

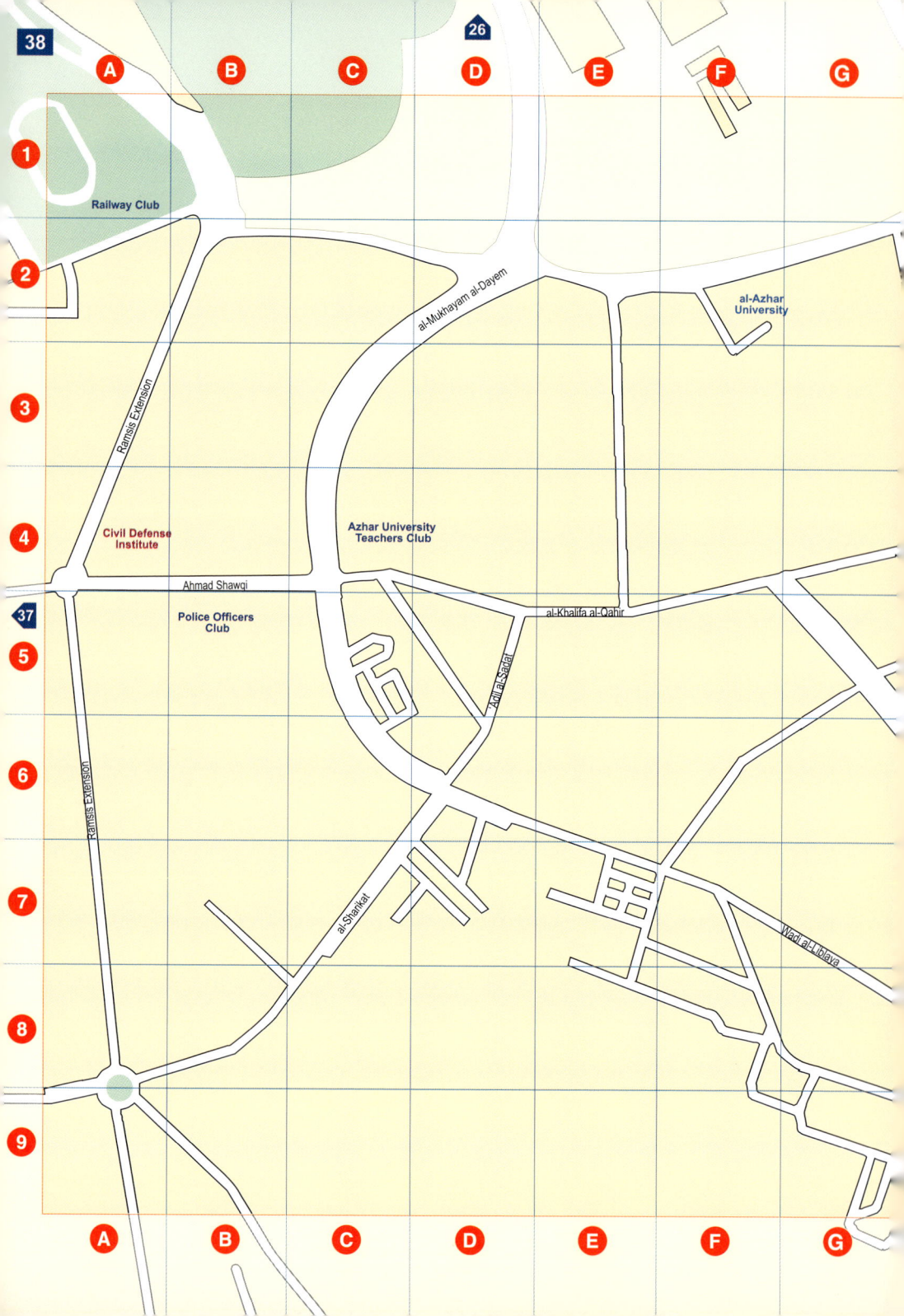

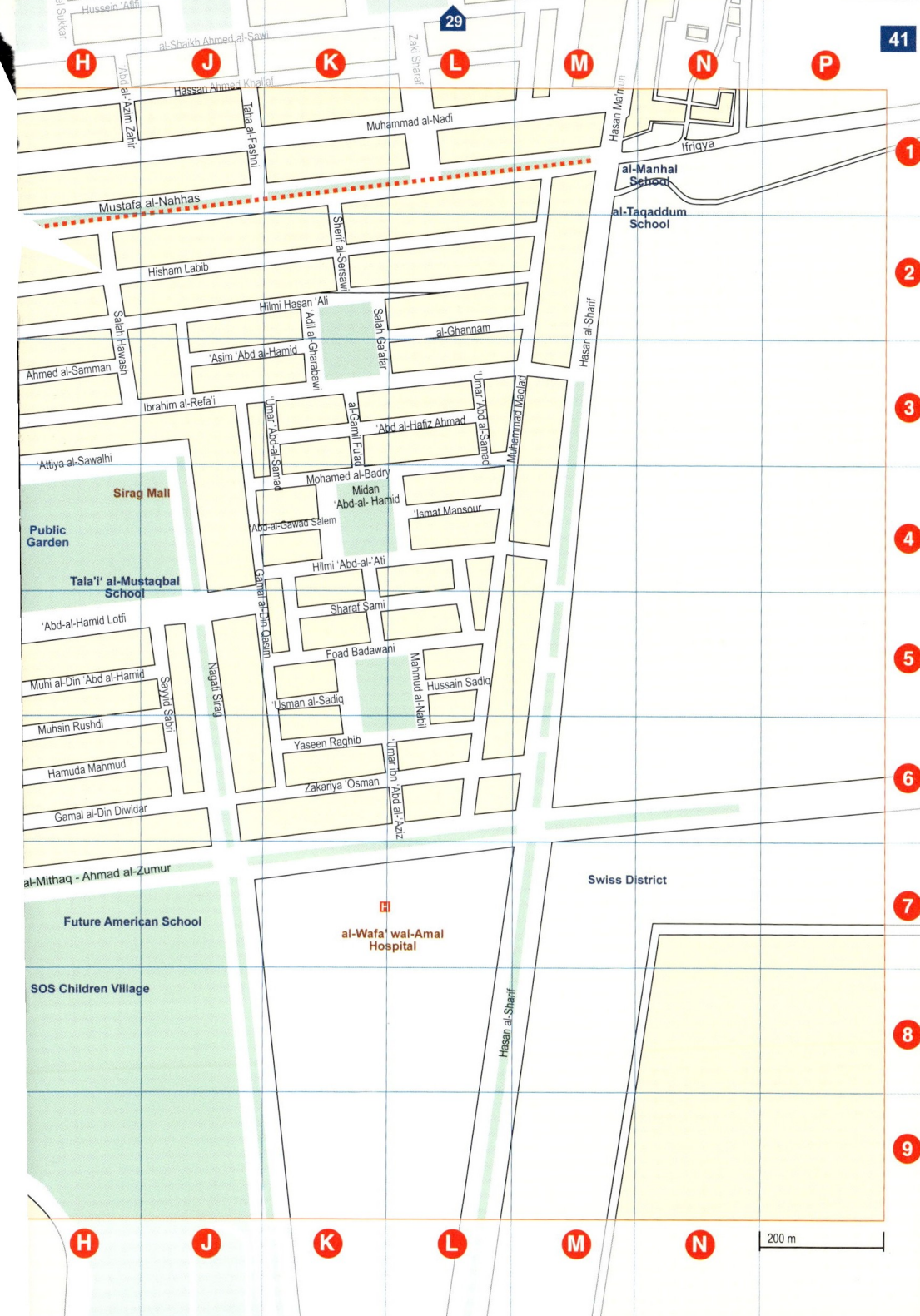

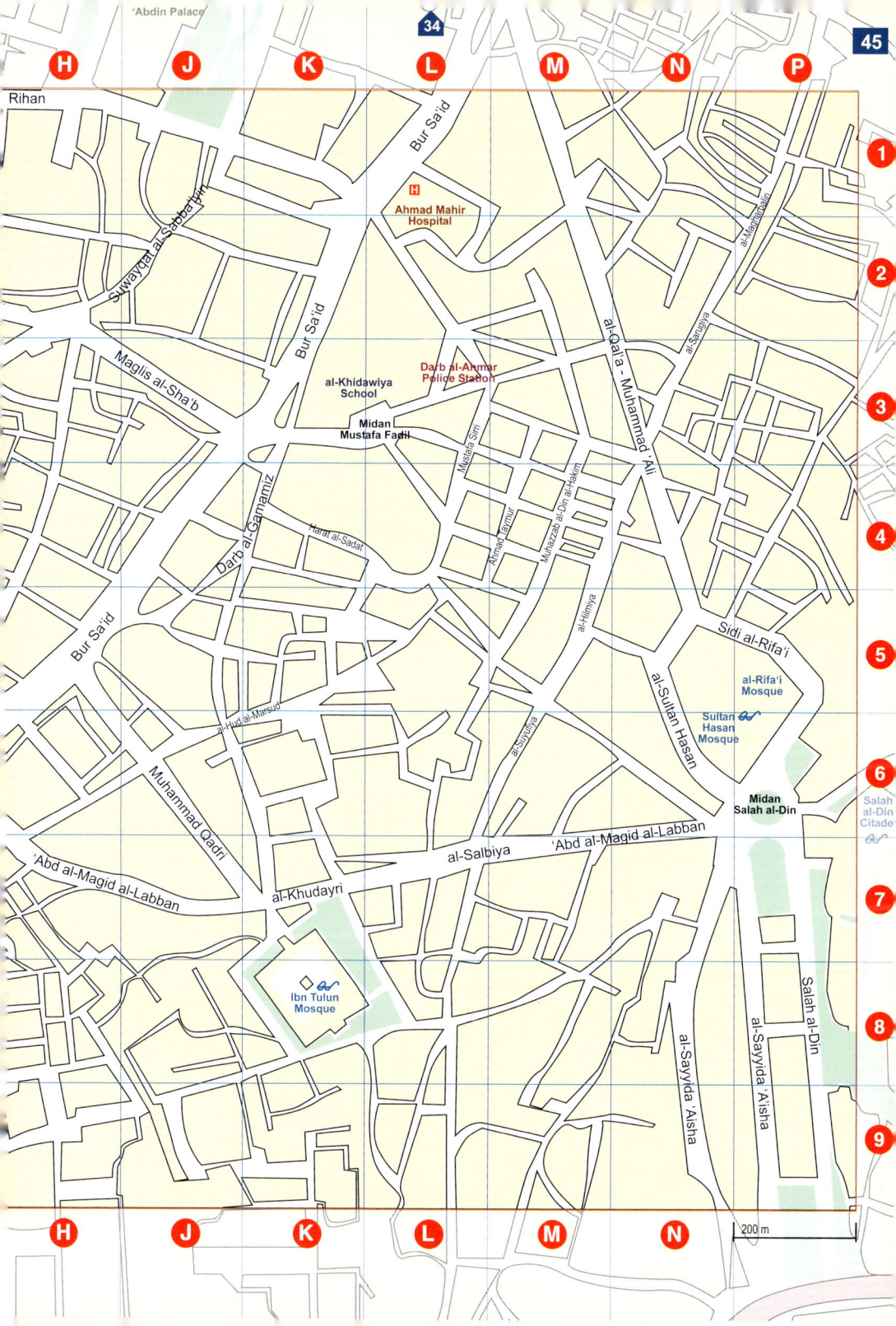

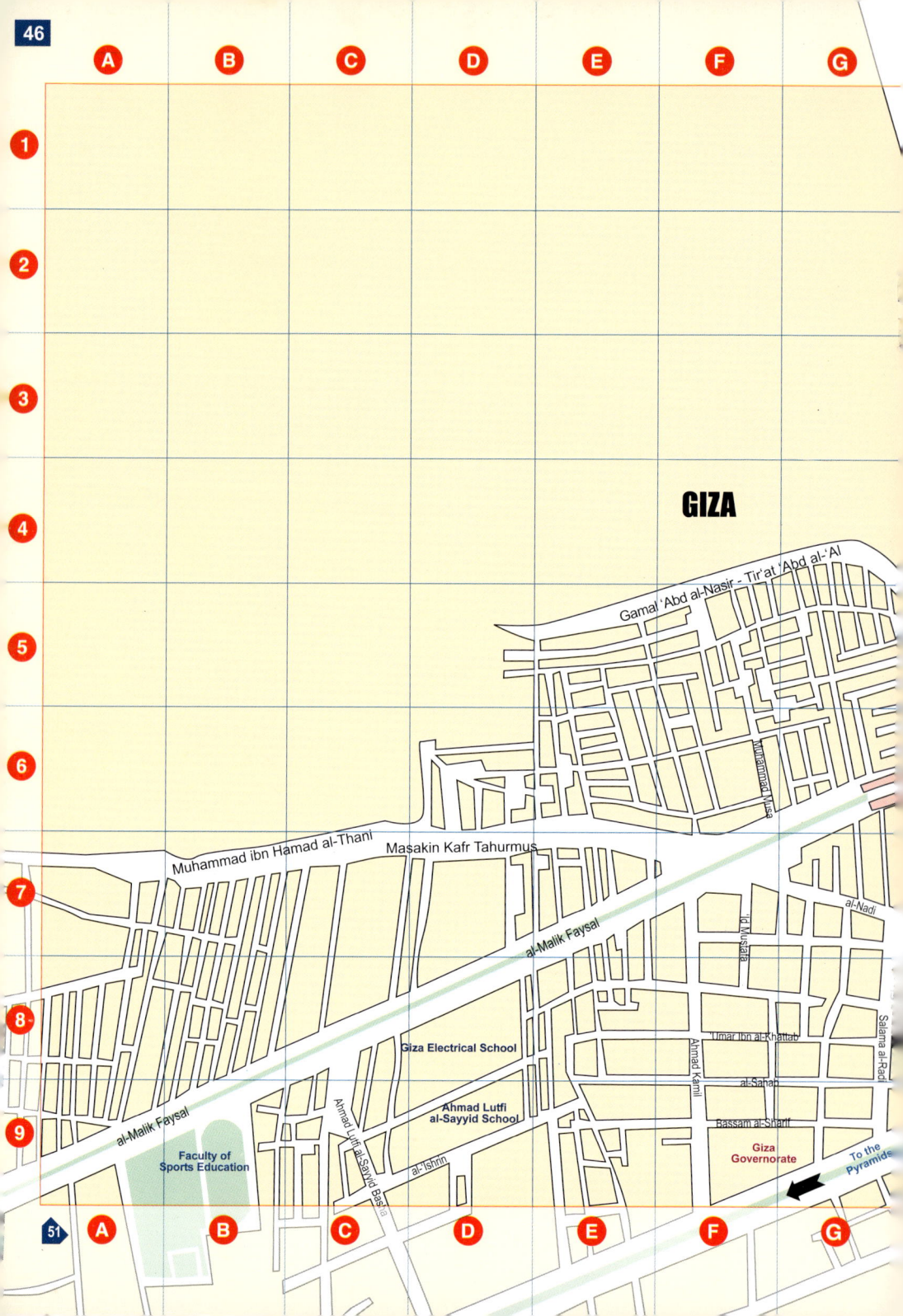

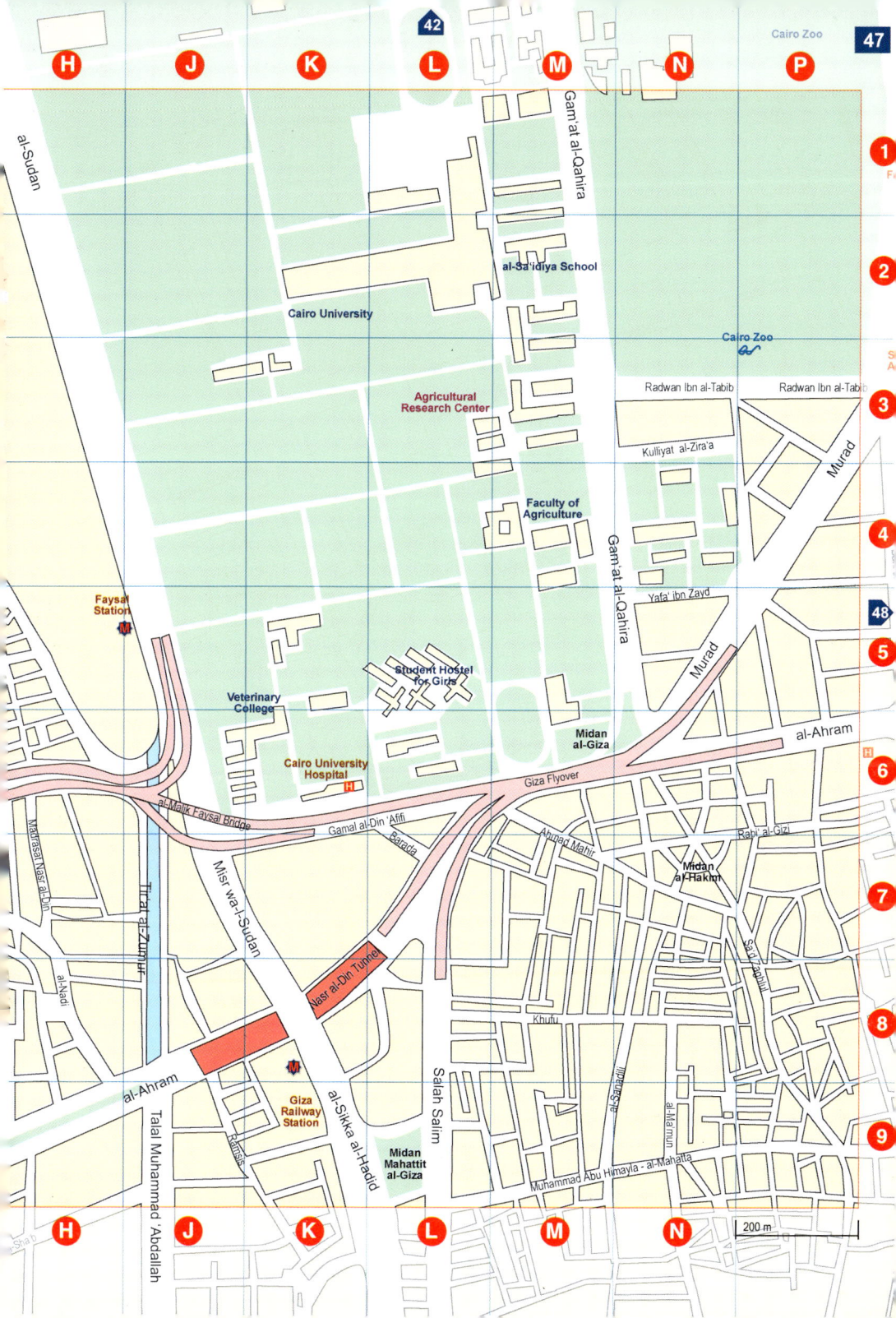

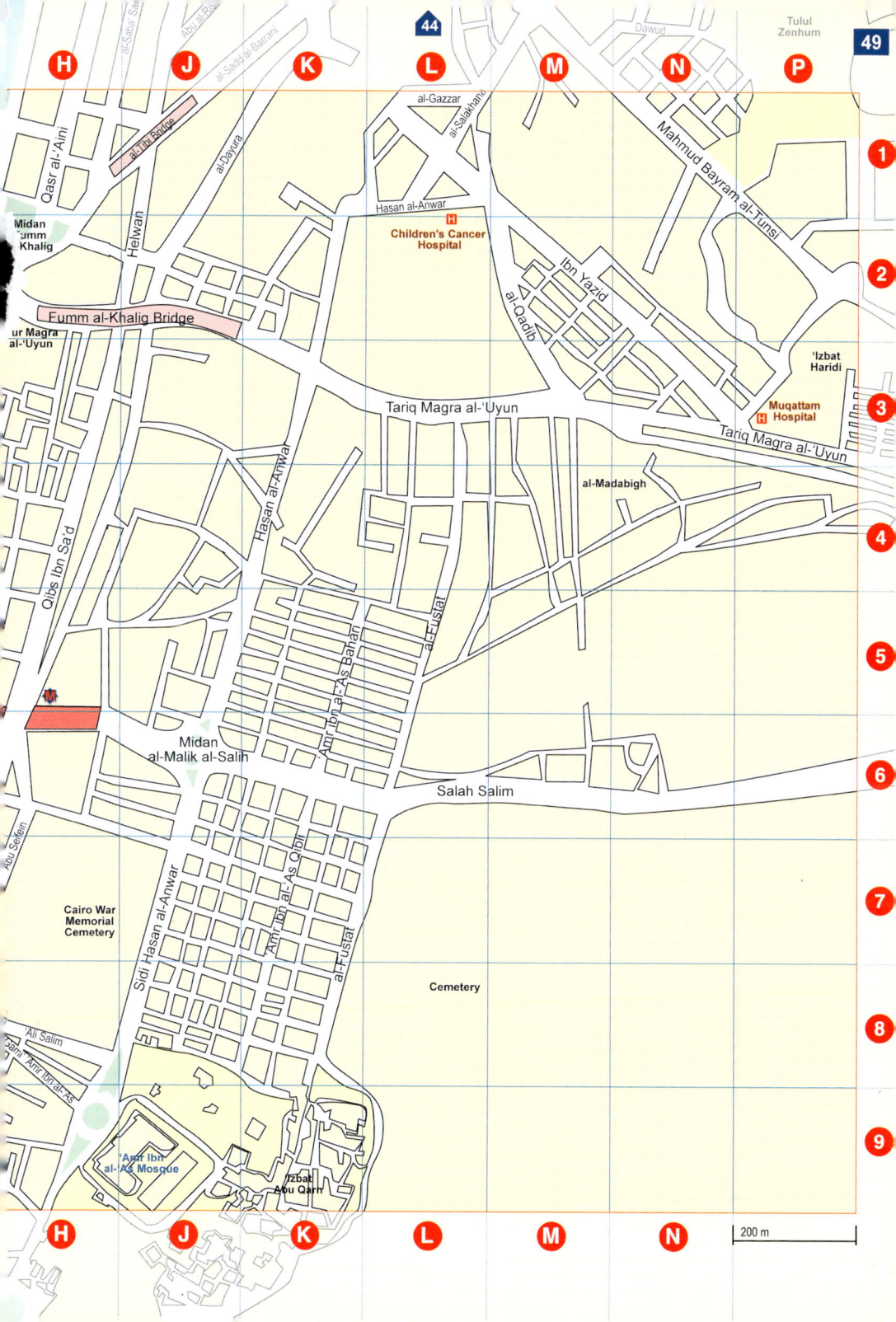

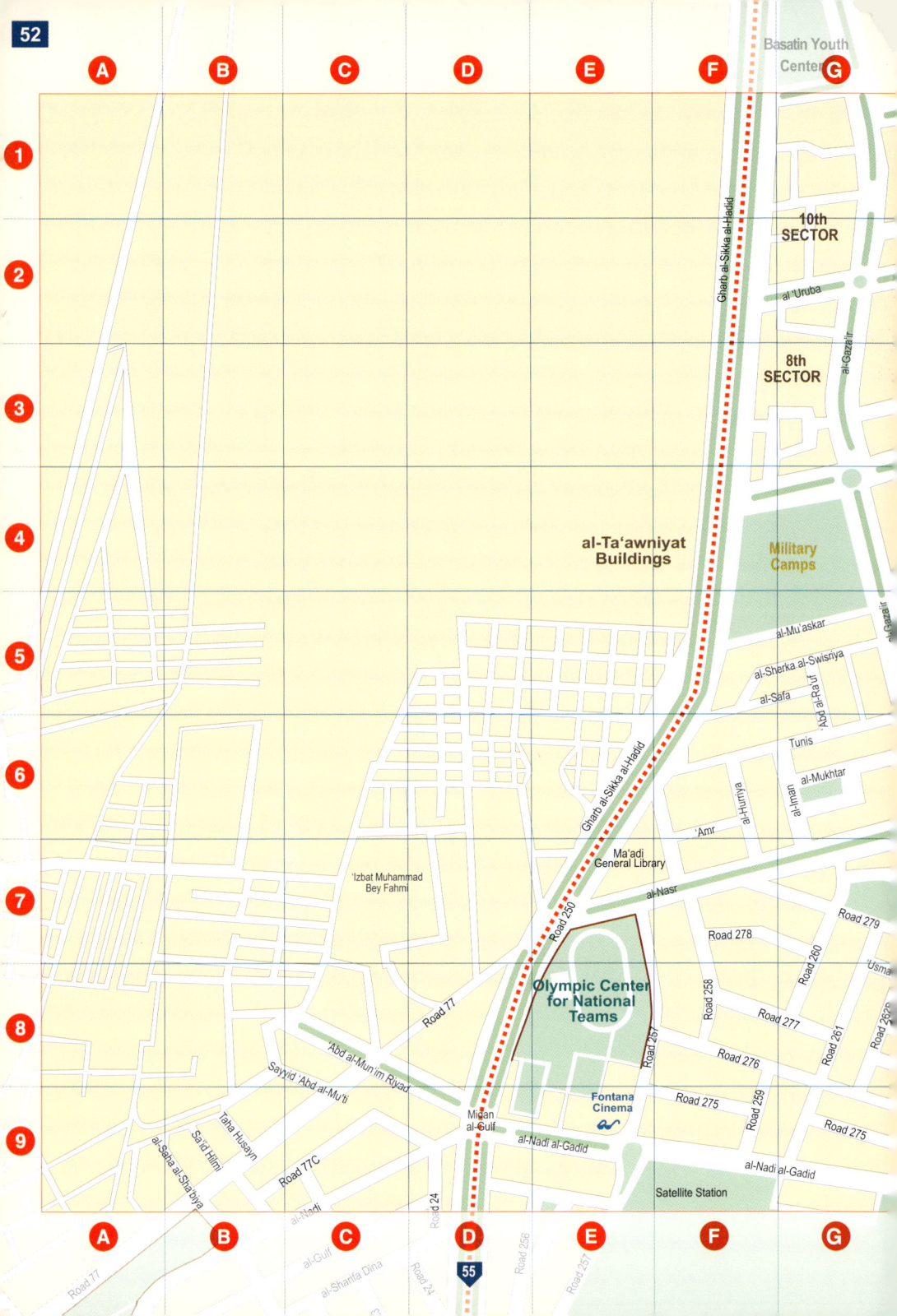

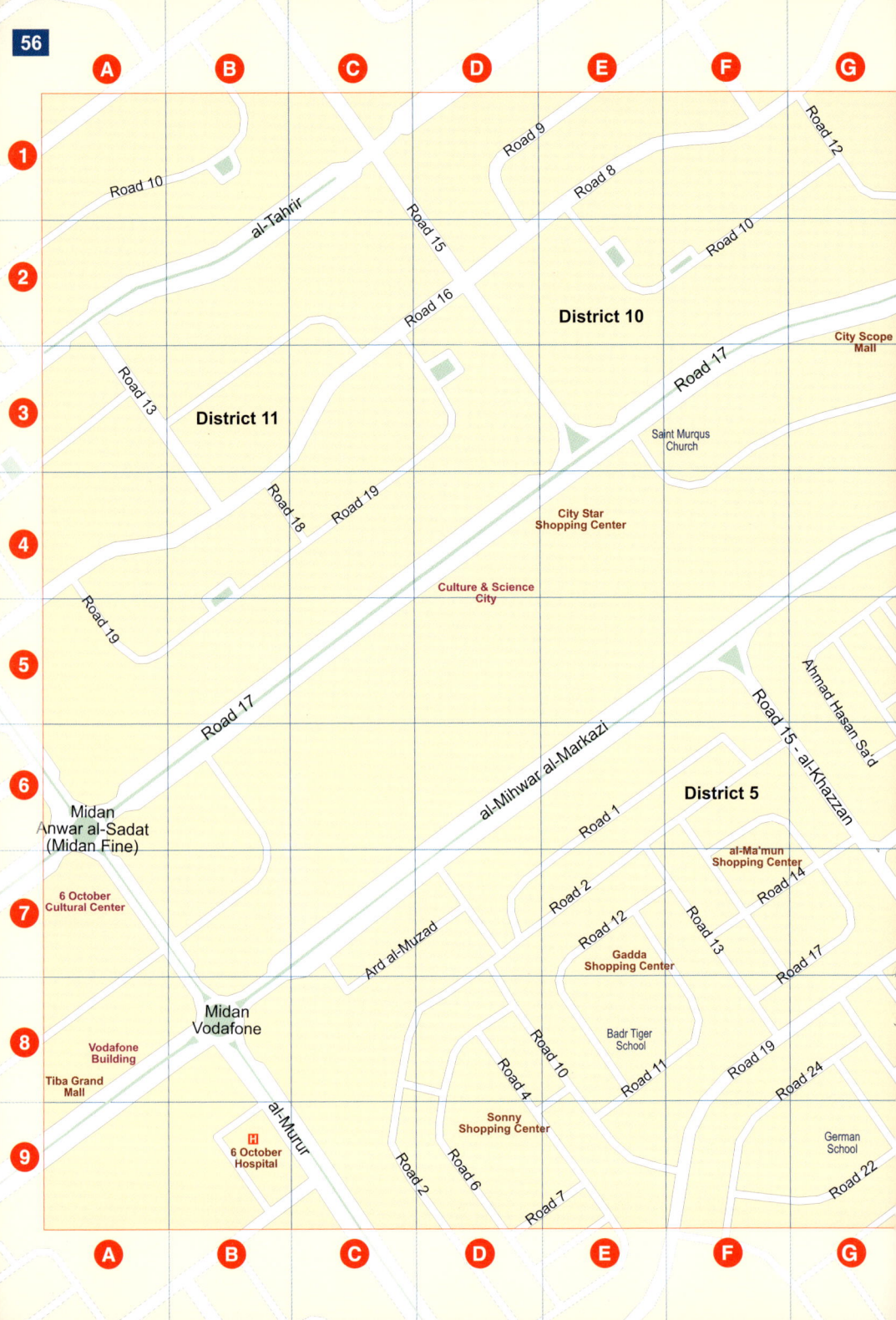

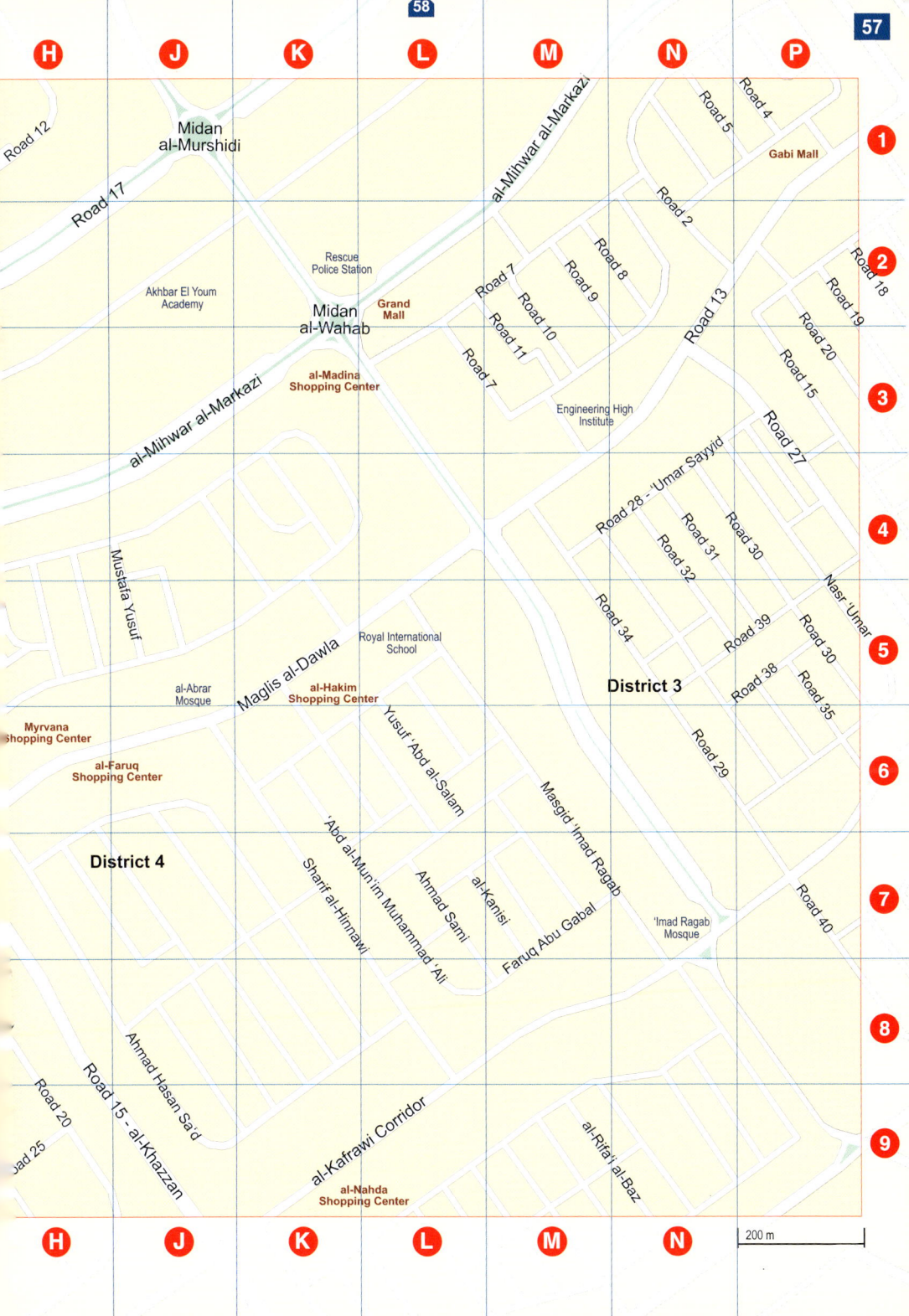

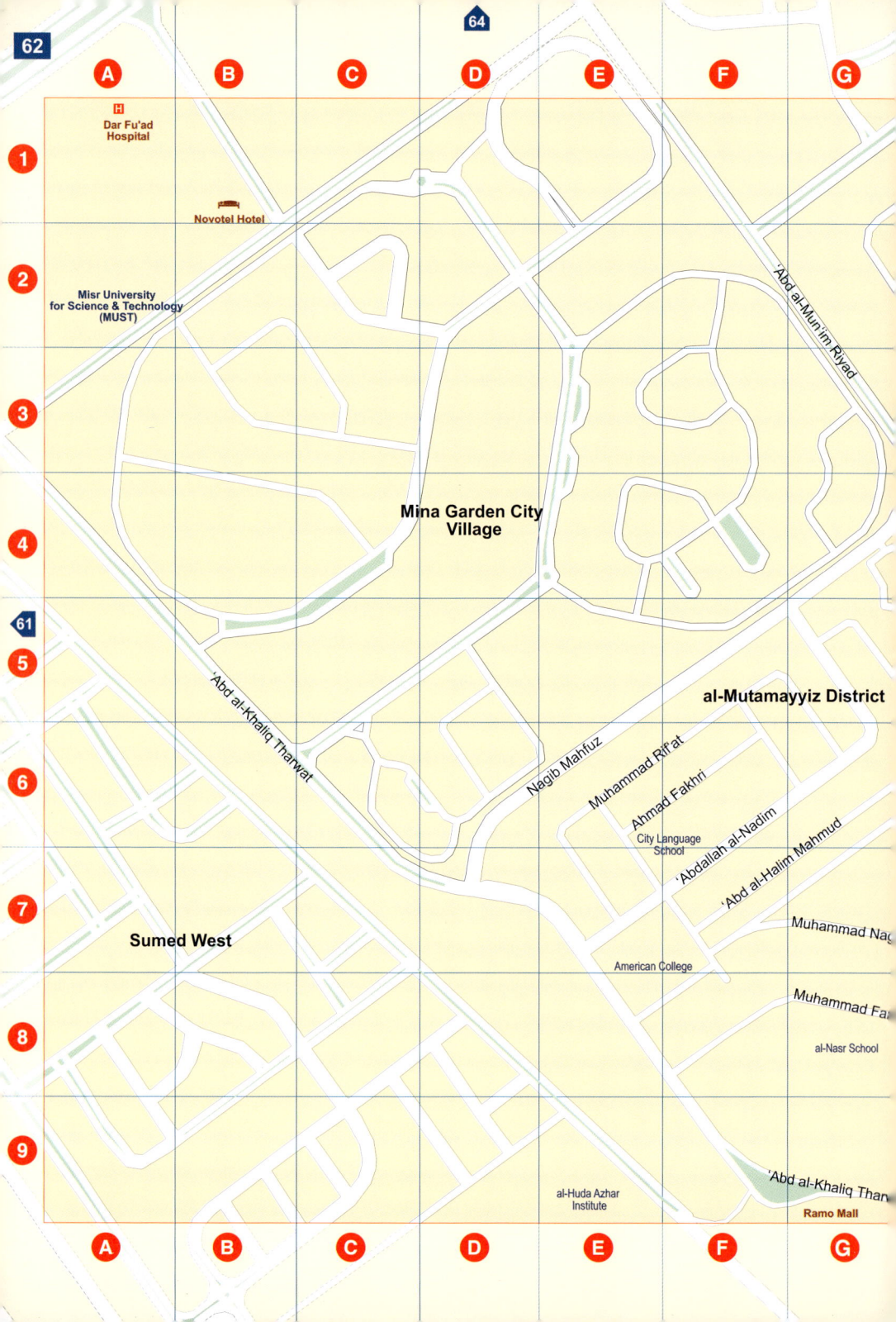

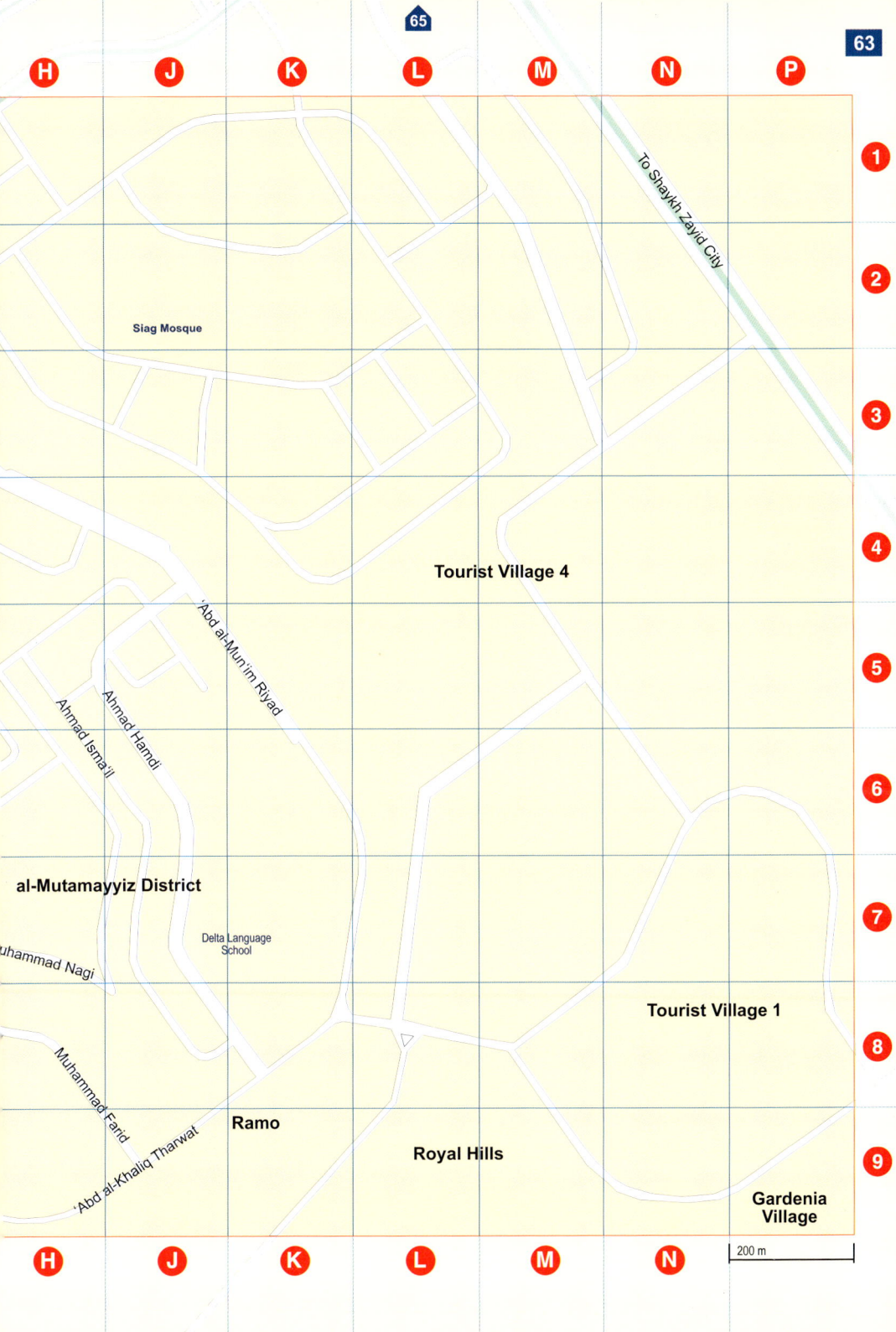

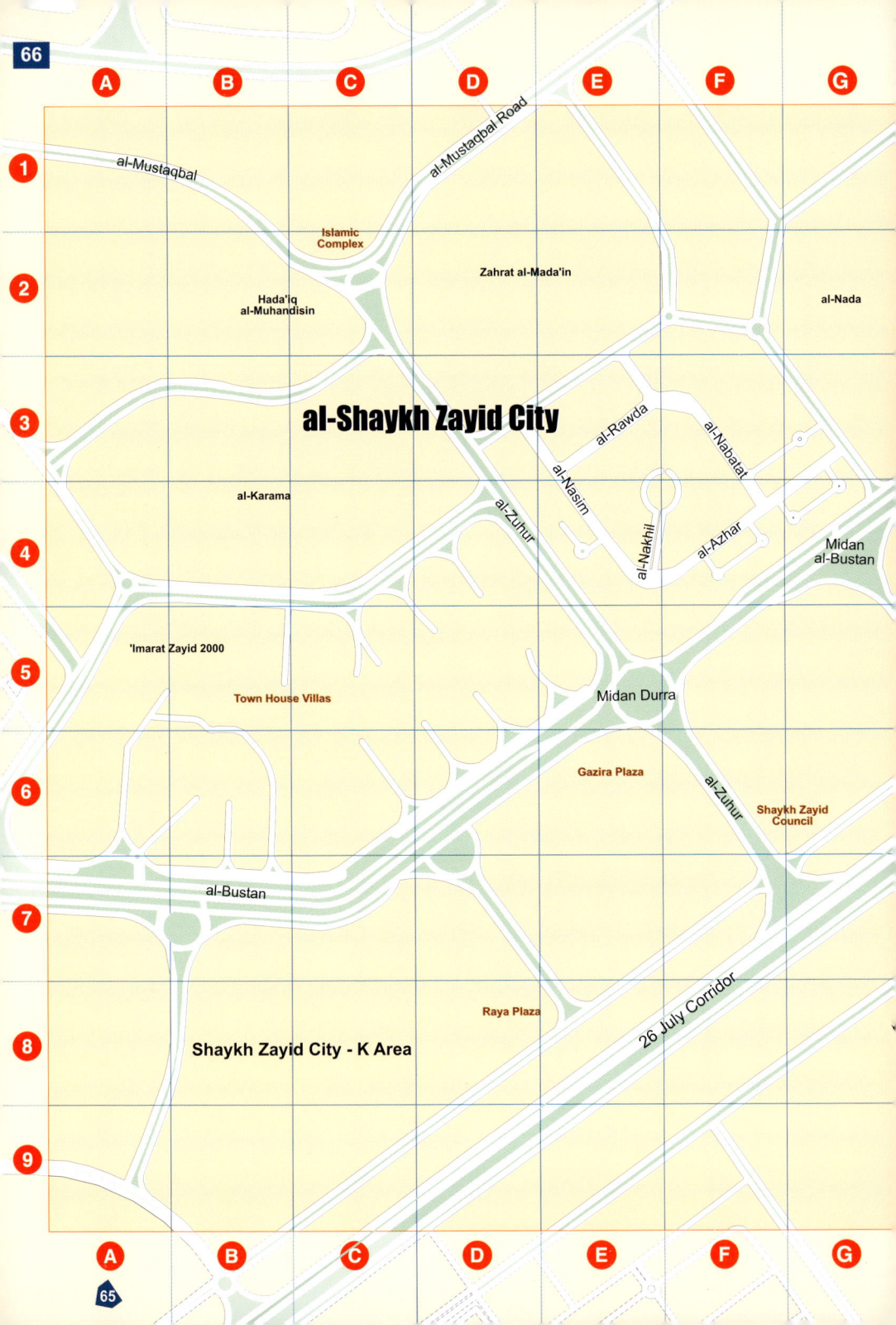

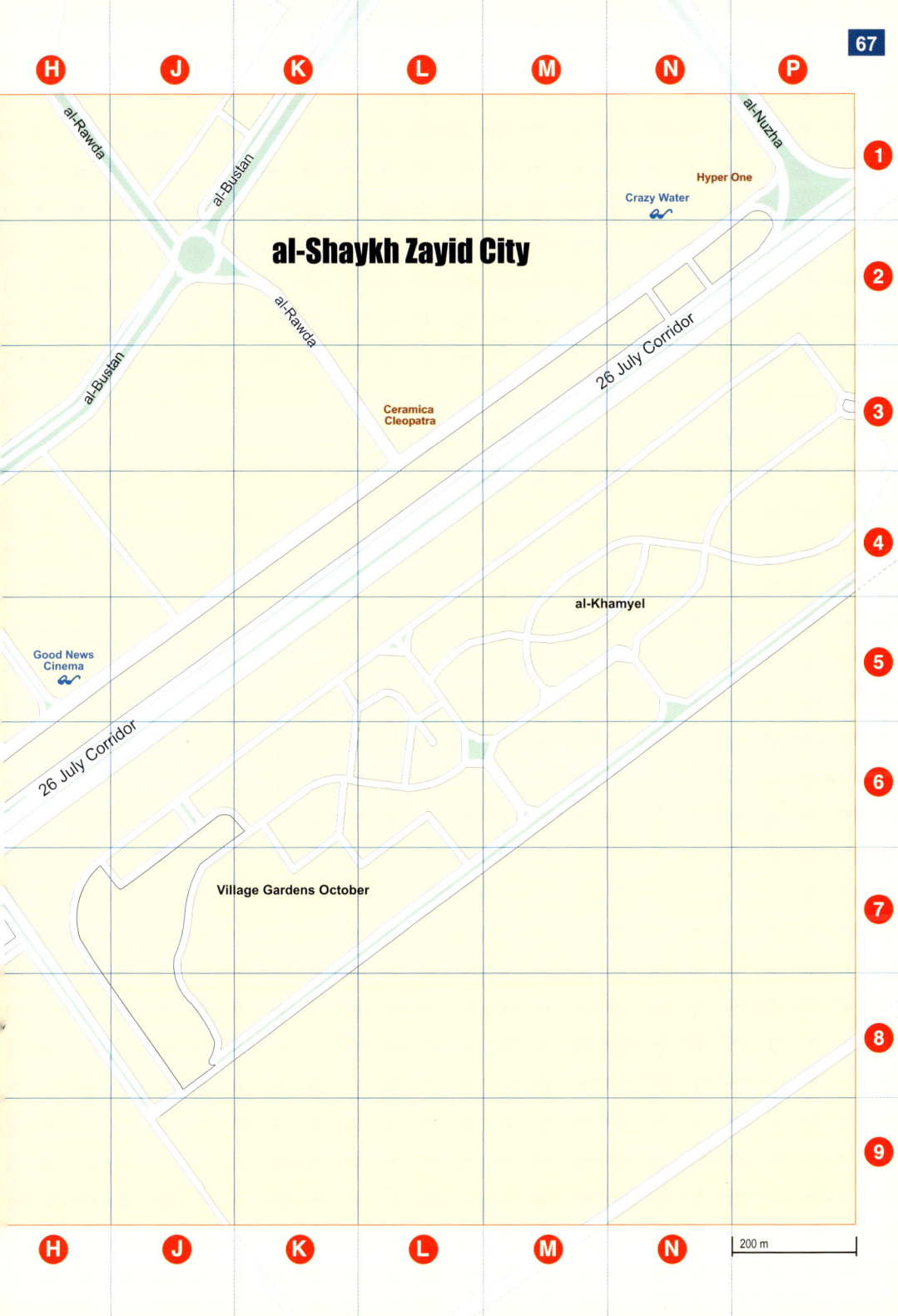

Street Index

15 May Bridge 19 M7, 20 F9
26 July 33 P3, 33 K2, 34 A3
26 July Bridge 20 C7
26 July Corridor 18 F7, 19 H7, 65 K3, 66 F8, 67 N2, H6
26 July Corridor Extension 61 H4, N1, 64 E6
6 October - al-'Uruba 65 L3
6 October Bridge 21 N9, 22 C6, 25 M6, 31 N6, 32 D5, 33 J1, M1

Abaza 9 M4, K4
'Abbas al-'Aqqad 28 B6, 40 C1, C4
'Abbas Bridge 48 B6
'Abbas Za'zu' 39 L6
al-'Abbasi 19 H2
al-'Abbasiya 23 L6, P6, 24 A6, E2
al-'Abbasiya Bridge 24 F1
al-'Abbasiyin 10 B8
'Abd al Ghani 'Abdallah 50 C6
'Abd al-Azim al-'Ashmawi 16 G6
'Abd al-'Azim 'Awadallah 6 E9
'Abd al-'Azim al-Ghilmi 28 C7
'Abd al-'Azim Rashid 31 P6
Abd al-'Azim Salama 40 F3
'Abd al-'Azim Zahir 41 H1
'Abd al-'Aziz 34 C6
'Abd al-'Aziz al-Bishri 9 L4
Abd al-'Aziz al-Dardini 48 D3
'Abd al-'Aziz Fahmi 10 E3
'Abd al-'Aziz Gawish 18 C7, 33 P8
'Abd al-'Aziz Isma'il 10 E5
Abd al-'Aziz Khalil 6 A9
'Abd al-'Aziz al-Shinnawi 39 J1
'Abd al-'Aziz al-Su'ud 43 M6, 48 D2, D6
'Abd al-'Aziz Tal'at Harb 19 K4, 29 L5
'Abd al-Fattah al-Qadi 50 B6
'Abd al-Fattah al-Sayyid 28 D6
'Abd al-Ghaffar Nur 6 D8
'Abd al-Ghaffar Salim 6 E9
'Abd al-Hadi 43 M8
'Abd al-Hadi Salah 43 H6
'Abd al-Hafiz Ahmad 41 L3
'Abd al-Hakim al-Garhi 16 A5
'Abd al-Hakim Haggag 59 K7
'Abd al-Hakim al-Rifa'i 40 D2
'Abd al-Halim Mahmud 62 P7
'Abd al-Hamid 'Abd al-Wahab 40 F6
'Abd al-Hamid Abu Heif 10 A3
'Abd al-Hamid 'Atiya 28 C6
'Abd al-Hamid 'Awad 40 G1
'Abd al-Hamid Badawi 6 G7

'Abd al-Hamid Lutfi 31 J3
'Abd al-Hamid Sa'id 33 M4
'Abd al-Hamid Shuman 40 D3
'Abd al-Hamid Suliman 31 N4
'Abd al-Hayy Higazi 40 D3, F3
'Abd al-Khaliq Sarwat 33 M4, P4, 34 A4
'Abd al-Khaliq Tharwat 61 P3, 62 B6, 63 J9
'Abd al-Latif Bakri 40 E7
'Abd al-Latif Bultiya 44 A3
'Abd al-Latif Hamza 29 K5
'Abd al-Latif al-Makabati 10 D3
'Abd al-Latif Muhammad 59 N6
'Abd al-Magid al-Labban 45 H7, N5
'Abd al-Magid al-Rimali 33 N8
'Abd al-Muhsin al-Wasimi 6 C4
Abd al-Mun'im 34 A9, 51 H4
'Abd al-Mun'im Hafiz 16 F5
Abd al-Mun'im Isma'il 16 E4
'Abd al-Mun'im Muhammad 'Ali 57 L8
Abd al-Mun'im Riyad 31 K4, M2
'Abd al-Mun'im Riyad 51 P7, 52 C8, 62 G2, 63 K5, 64 D8
Abd al-Mun'im Sanad 19 J3
Abd al-Mun'im al-Sawi 18 D4
'Abd al-Mun'im al-Shirbini 40 B8
'Abd al-Mut'al al-Sa'idi 40 A9
'Abd al-Mu'ti Khayal 6 D9
'Abd al-Qadir 51 P1
'Abd al-Qadir al-Girgawi 40 C9
'Abd al-Qadir Hamdi 16 G3
'Abd al-Qadir Hamza 33 J9
'Abd al-Rahim Sabri 31 P7, P9, 42 G1
'Abd al-Rahman al-Barquqi 48 D5
Abd al-Rahman Fahmi 44 A5
'Abd al-Rahman al-Hakim 16 F8
'Abd al-Rahman Husayn 31 L4
'Abd al-Rahman Ibn 'Auf 7 J9
'Abd al-Rahman al-Raf'i 6 G9, 7 K7
'Abd al-Rahman al-Sharqawi 18 D3
'Abd al-Ra'uf 52 G5
'Abd al-Ra'uf Hasan 10 B3
'Abd al-Raziq Farag 51 J4
'Abd al-Raziq al-Sanhuri 28 G8
'Abd al-Salam 'Arif 42 B7, G5
'Abd al-Salam Basha Zuhni 6 C8
'Abd al-Salam Zaki 15 M3
'Abd al-Sattar Diyab 40 D4
'Abd al-Shafi Muhammad 39 P9, 40 B9
'Abd al-Wahab al-Naggar 10 E7

'Abd al-Wahab al-Qadi 15 K7
'Abd al-Wahab al-Shinnawi 23 P7
'Abd al-Wahid Fahmi 6 E8
'Abd al-Wahid al-Wakil 16 B2
'Abd al-Wanis 50 E5
'Abdallah Abu al-Su'ud 10 D4
'Abdallah al-'Arabi 39 M5
'Abdallah Farag 18 D5
'Abdallah ibn 'Abbas 39 L6
'Abdallah ibn Tahir 29 L9
'Abdallah Ibn al-Zubeir 7 M7
'Abdallah al-Katib 32 A9
'Abdallah al-Nadim 9 L4, 62 F7
'Abd-al-Hamid Lotfi 41 H5
'Abdu-al-Hamuli 23 P6, 24 A7
Abi Imama 43 H2
Abi Sa'id Kulthum 36 E4
al-Abnasi 14 B2
Abu al-'Atahiya 40 C4
Abu Bakr - Road 17 59 K9
Abu Bakr al-Siddiq 9 M3, 10 E9, A6, 30 F8, 59 L1, 60 C9
Abu Dawud al-Zahiri 29 K9
Abu al-Farag 21 H2
Abu al-Fawaris 39 L4
Abu al-Fida 20 A3
Abu Ga'far al-Nahhas 16 E7
Abu Gazya 50 B9
Abu Hanifa 39 M5
Abu Hazem 51 N3
Abu al-Hol 15 L2
Abu 'Ibeid al-Bakri 9 H9
Abu-al-Ma'ali 19 N9
Abu al-Mahasin 14 F2, 15 H5, 50 B5
Abu al-Mahasin al-Shazli 19 N7, K9
Abu al-Qasim al-Mahdi 39 L6
Abu Qir 9 N7
Abu al-Rish 44 B9
Abu al-Rish Bridge 44 C8
Abu Seifein 48 G7, 49 H7
Abu al-Surur al-Bakri 14 C3
Abu Tig 10 B4
Abu 'Ugayla 39 P1
Abu Zir al-Ghafari 39 K4
'Adan 30 C3, F3
Adham 50 A5
al-'Adil Abu Bakr 20 A5
'Adil Abu al-Ma'ati 59 L9
'Adil al-Gharabawi 41 K3
Adil Husayn Rustum 32 A8
'Adil Mahmud 61 J6
'Adil al-Sadat 38 D5
al-'Adl 51 K7
'Adli 33 P4, 34 A4

75

'Adli Habib 50 E5
'Adli al-Sayed 51 K5
'Adnan 'Umar Sidqi 31 H9, 42 A1
al-Afdal 24 D3
'Afifi al-Shahid 18 C5
Aflatun 10 D9
Agha 10 C7
al-Ahlam 28 A6
Ahmad 'Abd al-'Aziz 17 J5
Ahmad 'Abd al-Muhsin 50 C7
Ahmad 'Abd al-Tawab 18 G6
Ahmad 'Abdin 18 E5
Ahmad Abu al-'Ila 40 E3
Ahmad 'Adawiya 55 K9
Ahmad al-'Afifi 11 H1
Ahmad 'Ali 42 D5
Ahmad 'Ali Husayn 9 M3
Ahmad Badawi 22 C3
Ahmad Basha Kamal 21 N3
Ahmad Fahim 39 P7
Ahmad Fahim Bayyumi 10 G6
Ahmad Fakhri 29 J8, 62 F6
Ahmad Fathi Kamil 17 K6
Ahmad Fu'ad 11 H2
Ahmad Fu'ad 'Abd al-'Aziz 24 C5
Ahmad Gamal al-Din 6 B8
Ahmad Hamdi 63 J6
Ahmad Hamid Abu-al-Hasayib 28 A9
Ahmad Hasan Sa'd 56 G5, 57 J8
Ahmad al-Hasib 48 D9
Ahmad Hilmi 22 E2, C5
Ahmad Hishmat 20 C2, D5
Ahmad al-Hofi 19 M4
Ahmad Husni 27 N7
Ahmad ibn Hanbal 39 L5
Ahmad Ibrahim 6 C8
Ahmad Isma'il 63 H6
Ahmad 'Ismat 6 C3
Ahmad Kamal 7 M7, 12 F4
Ahmad Kamil 46 F8
Ahmad Khallaf 31 K4
Ahmad al-Khashab 40 D4
Ahmad Khayri 48 F3
Ahmad Lutfi al-Sayyid 23 M2
Ahmad Lutfi al-Sayyid Basha 46 C9
Ahmad Mahir 34 F8, 47 M7
Ahmad Mahmud 6 G8
Ahmad Mahmud Miligi 6 G8
Ahmad Muhammad Ibrahim 40 D4
Ahmad Muhammad Kamal 40 D5
Ahmad Mukhtar 48 F4, F5
Ahmad Nadd 7 L8
Ahmad Nagib 24 A4
Ahmad Nagib Hashim 7 H7
Ahmad Nasim 43 H7
Ahmad Nur al-Din 28 E9
Ahmad Qamha 12 D5
Ahmad Qandil 15 H9
Ahmad Qasim Guda 28 B9

Ahmad Ragheb 44 A2
Ahmad Ramzi Kassab 9 N2
Ahmad Sabri 20 C6
Ahmad Sa'id 23 P4
Ahmad al-Sakandari 9 L5, 9 L5
Ahmad Salih 51 H4
Ahmad Sami 57 L7
Ahmad Samir al-Sawi 8 C8
Ahmad al-Samman 41 H3
Ahmad al-Sayfi 40 E2
Ahmad Shaker 15 L7
Ahmad Shawqi 38 B4, 48 A3
Ahmad al-Shidyaq 16 C6
Ahmad Siddiq 51 J3
Ahmad Sukarno 19 L3
Ahmad al-Tahawi 16 A7
Ahmad Taymur 45 M4
Ahmad Taysir 15 M7
Ahmad 'Umar 50 A5
Ahmad 'Urabi 18 G3, 19 J5
Ahmad Wasfi 16 F6
Ahmad Zaki 54 G1
Ahmad al-Zayyat 42 B4, B7
Ahmad Zuwayl - 'Abd al-Salam 'Arif 42 B8
al-Ahnaf Ibn Qeis 7 K9
al-Ahram 15 J2, 47 J9, P6, 48 A6, 50 F7, 51 M4
al-Ahrar 31 L5
'Ain Galout 28 A7
'Aisha al-Taimuriya 44 A4
al-'Alamayn 19 H2
al-Alfi 33 P2, 34 A2
Alfi Shahata 16 F3
'Ali 'Abd al-Raziq 7 K9
'Ali Abu al-Futuh 9 M5
'Ali Ahmad Muhammad 50 C5
'Ali 'Ali 'Amir 28 E8
'Ali Amin 39 P3, 40 B2
'Ali Amin 'Abdu 21 P1
'Ali Bahgat 12 F3
'Ali Fahmi Kamil 9 P2
'Ali Fahmi al-Zanati 10 B4
'Ali Galal 48 E2
'Ali al-Garem 48 E9
'Ali al-Gindi 29 L6
'Ali al-Hariri 28 A9
'Ali Ibn Abi Talib 30 G2, 50 C9, 60 C8
'Ali Ibn Radwan 16 C6
'Ali Ibrahim 18 G4
'Ali Ibrahim Basha 43 P7, P5
'Ali Ibrahim Ramez 10 A4
'Ali Isma'il 42 G2
'Ali al-Kassar 34 C2
'Ali Khalil 24 B7
'Ali al-Laysi 16 B6
'Ali Mahmud 10 A2
'Ali Rashad 28 F3
'Ali Salih 16 G2

'Ali Salim 49 H8
'Ali Sallam 10 A8
'Ali Shalabi 11 H3
Ali Sha'rawi 12 D3
'Ali Tal'at 6 A9
'Ali Yusuf 44 C6
'Ali Zu-l-Faqar 34 A7
al-'Alili 22 G2, 23 H2
'Alluba 51 P3
Almaza 16 F6
al-Amal 31 P1
al-Amal Corridor 68 G6, F8, 69 H4
al-Amin 19 J3, 51 K7
Amin 'Abd al-Hamid 50 F6
Amin Bey al-Raf'i 42 F2, 43 H3
Amin Fikri 13 K5
Amin al-Rihani 29 J6
Amin Sami 44 B4
Amin Wasfi 50 D5
Amin Zaki 15 K6
Amir 42 F4
Amir al-Guyush 35 J2
al-Amir Seif-al-Din Ahmad 44 A2
al-Amiralai Mustafa 'Abd al-Rahman 9 N2
'Amman 30 G9, 31 H9
'Ammar Ibn Yasir 7 P8, 11 K1, 50 E3
'Amr 30 G2, 52 F6
Amr Ibn al-'As 48 G7, 50 D2
'Amr ibn al-'As Bahari 49 K5
'Amr ibn al-'As Qibli 49 K7
Amrika al-Latiniya 33 K8, 44 B1
Amun 51 P2
al-'Anab 31 H2
Anas Ibn Malik 30 D5, 59 M1
al-Andalus 9 H6
al-Ansar 30 F9
al-Ansari 14 E3
Anwar al-Mufti 27 M6
Anwar al-Sadat - Tirsa 50 F9, 51 J8
al-'Aqqad 13 N3
Arabella 71 N4
Arabia 73 M3
'Arafa 51 J6
al-'Ara'is Buildings 53 P4
Ard al-Muzad 56 C7
Ard al-Zuhur 73 J3
al-'Arish 50 B7
al-'Arusi 34 F1
al-Ashgar 31 J2
al-Ashraf Sha'ban 28 A6
al-Asil District 73 L3
'Asim 'Abd al-Hamid 41 J3
Asma Fahmi 15 N6, 16 C9
Aswan 9 L8, P5
Asyut 16 A1
al-Asyuti 14 C2
'Atbara 18 F2
'Atfat al-Ruwi'i 34 D2

76

al-Atibba' 30 F6
'Atif Barakat 9 M4
al-'Attar 22 D2
'Attiya al-Sawalhi 41 H4
Auto Spare 50 G5
Autostrade 36 B9, 53 P5, P9
'Awad Armut 18 E5
al-Awhadi 14 B2
Awlad Ghunaym 50 F3
Awlad al-Mahr 59 L7
'Ayyad Bey 21 N3
Ayyub 51 H7
al-Azhar 28 A7, 31 J3, 34 G6, 66 F4
al-Azhar Bridge 34 D5
al-Azhar Tunnel 35 P7
'Azim al-Dawla 24 E3
'Aziz Abaza 20 E7
'Aziz Buqtur 22 G1, 23 H1
al-'Aziz 'Usman 20 C8

al-Bab al-Bahari 34 C2
Bab al-Bahr 22 D9
Badi' 21 N1
Badi' al-Hamazani 16 G4
Badi' Khairi 7 K6
al-Badiya 16 B3
Badr 53 L1
Badr al-Din al-Sa'id 27 M7
Baghdad 15 K2
al-Baguri 14 C1
Baha' al-Din 35 M3
Baha' al-Din Karakush 20 B9
Bahgat 7 N8
Bahgat 'Ali 20 C2, B4
Bahgat Husayn 12 E4
Bahi al-Din Barakat 48 A4
al-Bahr al-A'zam 48 B8
Bahr al-Ghazzal 18 G2
al-Bahth al-Gina'i 53 N1
Bani Fahim 24 D2
Bani 'Ukail 8 B9
al-Bank al-Ahli Club 16 E9
Barada 47 L7
al-Baramika 39 P6
al-Ba'sa 21 P3
Basim al-Katib 43 H2
al-Basra 30 C4
al-Basri 54 G1
Bassam al-Sharif 46 F9
al-Batal Ahmad 'Abd al-'Aziz 31 J2, M5
al-Batrawi 27 P8, 28 C8
Bayyumi Nassar 10 B1
Beirut 16 B3
Bilal Ibn Rabah 7 M9
al-Birgas 44 A3
al-Brazil 20 D7
Bubastas al-Matariya 9 M7
al-Buhuth - al-Tahrir 42 B3

al-Bukhari 39 K6
Bulaq al-Gadid 21 H9, J7
Bulus Hanna 31 P9, 32 A9
al-Bunyan 74 A8
Bur Sa'id 12 A2, 23 K6, 34 J4, D9, 35 H1, 45 L1, H5, 55 H4
Bur Sa'id Bridge 34 F5
al-Burg 18 E8, 32 D6
al-Bursa 33 N2
al-Busta 15 J2
al-Bustan 33 L7, P7, 34 A7, 66 B7, 67 K1, H3
Bustan al-Fadil 44 B7
Bustan al-Gaysh 24 E4
Bustan al-Mahamzi 22 D7
Bustan al-Maqsi 22 D7
Butrus Ghali 15 H1

Champollion 33 L5
Charles de Gaulle 43 J2, H6
Cleopatra 15 N2
Clubs Area 60 E5, 61 K2
Concorde Gardens 73 N1
Corniche al-Nil 20 F1, F7, 32 G2, 33 H3, 43 P5, 44 A1, A8, 48 G3, F8, 54 A6
Corridor 77 69 N5
Corridor 79 69 L8
Corridor 80 71 N1
Corridor 82 69 J7

al-Dahabi 14 E3
al-Dahir 22 E7, G6, 23 H6
Damanhur 9 N7
Dar al-Shifa 44 A4
al-Dara'ib 53 H1
al-Darb al-Ahmar 35 H9
Darb al-Gamamiz 45 K4
Darb Riyash 34 D1
Dawud 44 F9
al-Dayura 44 C9, 49 J1
al-Deir al-Bahari 9 L6
al-Dewidar 12 F6
al-Dhafir Barquq 36 C3
al-Diblumasiyin District 71 P3
Digla 30 E5, F4
Dikirnis 10 D6
Dimishq 30 D4, 54 E3
District 1 59 N5
District 2 59 K8
District 3 57 N5
District 4 57 J7
District 5 56 F6
District 7 59 K3, 60 C4
District 8 58 F5
District 9 58 C6
District 10 56 E2
District 11 56 B3
al-Diwan 44 A6

Diya' 50 F5
Dream House 59 P4
al-Duqqi 42 F4
al-Duqqi Bridge 31 M9, 42 E2

Egyco Buildings 70 D7

al-Fadl ibn al-Rabi' 39 M7
Fahmi Muhammad Yusuf 7 L6
Fakhri 'Abd al-Nur 24 F4
al-Falaki 33 N6, M6, 44 E1
al-Fallah 18 E8, 30 F1
Family Housing 73 L9
Family Land 58 B2
al-Fangari Flyover 25 P1
Faraskur 10 D6
al-Fardus 24 A8, 31 N4
al-Fardus Bridge 36 C2
Farid 16 C2
Farid Shawqi 31 M2
Farid al-Siba'ai 51 K4
Farid Simika 6 F8, 11 H2
al-Fariq 'Aziz al-Masri 6 A8, 8 E8
al-Fariq 'Aziz al-Masri (Gisr al-Suwis) 7 K1
al-Fariq Muhammad Hasan Rashad 6 G8
al-Fariq Muhammad Ibrahim 40 D1
Faruq Abu Gabal 57 M7
Faruq Tharwat 16 E8
al-Fasakhani 17 H2
al-Fath 9 M5, 30 E5, 48 D8
Fathi al-Qashlan 17 L7
Fathi Zaghlul 12 E5
al-Fatim 68 E2
al-Fatimiyin 10 A7
al-Fawakih 31 H4
al-Fawatiya 34 E2
Fawzi 'Abd al-Baqi 17 J4
Fawzi 'Azmi 50 F5
Fawzi al-Muti' 10 C9
Fawzi Rammah 30 C1
al-Fayum 15 N2
al-Fida' 27 M7
Filastin 31 N6
Filib Hanna 16 F4
al-Firdus 20 D4
Fountain Blue 73 L5
Fu'ad 'Abd al-Latif 31 L4
Fu'ad al-Ahwani 20 B6
Fu'ad Badawani 41 K5
Fu'ad al-Wastani 21 P1
Fuh 31 M2
Fumm al-Khalig Bridge 49 H2
al-Furat 30 D5
al-Furn 24 E2
al-Fustat 49 L5, K7

al-Gabarti 14 B3

Gabir ibn 'Atiq 29 L5
Gabir Ibn Hayyan 42 D5
Gabir 'Usman 50 C4
al-Gad 8 E9, 22 G7
Gadda (Jeddah) 30 D8, G8
Ga'far 23 J4
Ga'far - Kamal 'Abd al-Ghani 50 D6
Ga'far al-Sadiq 39 L4
al-Gala' 33 L3
al-Gala' Bridge 10 E9, 43 K1
al-Gala' Tunnel 32 C9
Galal 35 K2
Galal Desuqi 16 F2
Galal al-Din al-Hamamsi - al-Rashid 19 J4
Galal Hagag 15 M7
al-Galali 23 P2
al-Gama' 8 D7
al-Gam'a 59 M4
Gama' Nash'at 20 C1
Gamal 'Abd al-Nasir 58 D1, 60 C5, F3, 64 C4, 74 B8
Gamal 'Abd al-Nasir - Tir'at 'Abd al-'Al 46 E5, G4
Gamal 'Abd al-Nasir Corridor 68 C9, 70 F1, 72 E9, 73 K9, B9
Gamal 'Abd al-Nasir Tunnel 68 B9
Gamal al-Din Abu al-Mahasin 44 A3
Gamal al-Din 'Afifi 29 K7, 47 L6
Gamal al-Din Diwidar 40 D7, G6, 41 H6
Gamal al-Din ibn Wasil 27 P6
Gamal al-Din Khulusi 31 N5
Gamal al-Din Qasim 41 K5
Gamal Hamdan 43 J5
Gamal Himdan 20 C2
Gamal 'Izz al-Din Salama 7 H7
Gamal Nuh 16 F6
Gamal Salim 30 G9, 42 A1
Gamal al-Shahid 18 D3
Gam'at al-Dawal al-'Arabiya 19 K8, 31 J1, 30 D7,G3
Gam'at al-Qahira 42 E9, 47 M1, N5
al-Gam'aya 51 J2
al-Gami' 50 A4
Gami' 'Amr Ibn al-'As 49 H8
Gami' Ibn Khaldun 23 N5
Gami' Isma'ili 44 F3
Gami' Qaitbay 43 N9, 48 F2
al-Gamil 22 F8
al-Gamil Fu'ad 41 K3
Ganub al-Akadamiya 69 J1
al-Ganzuri 23 P7
Garden View 73 L4
Gardenia Village 63 P9
Gawhar al-Qa'id 34 G5, 35 H6
al-Gaysh 23 M7, J9, 34 F2, E4
al-Gaza'ir 19 K9, 31 L1, 52 G3, G5

al-Gazira 32 D1, 44 G2
Gazira Garden Park 73 N3
al-Gazira al-Wusta 20 C2, A4
Gazirit Badran 21 K3, P4
al-Gazzar 49 L1
Ghamra Bridge 23 L3
al-Ghamrawi 48 F1
Ghana 9 J9
Ghandi 44 A5
al-Ghannam 41 L2
Gharb al-Qishlag 24 D1
Gharb al-Sikka al-Hadid 52 F2, E6
al-Gharib 18 E5
Gharnata 9 J9
al-Ghays 19 P8
al-Ghazali 16 A2
Ghazza 18 B9, 30 C1
Ghinya 9 L8
al-Gihad 6 C8, 18 C7, 19 M3
Gil Alfayn 9 M8
al-Girgawi 42 F6
Gisr al-Suwis 6 C7, 9 J4
al-Giza 9 L8, 43 H9, 48 A1
Giza Flyover 47 M6
Grand Residance 73 N4
Gul Gamal 6 D4, 31 K2
al-Gulf 55 K1
al-Gumhuriya 22 B9, 34 B2, B7
Gundi 'Abd al-Malak 6 B8

Habib Shalabi 22 E8
Hada'iq al-Muhandisin 66 B2
Hada'iq al-Qubba 12 F5
al-Hadi 19 H3
Hafani Hasif 42 E1
Hafiz Badawi 39 P9, 40 A9
Hafiz Bahgat 48 E4
Hafiz Bey 12 E5
Hafiz Hasan 31 N3
Hafiz Ibrahim 28 E6
Hafiz Ramadan 28 C5, G5, 29 K4
Hafiza al-Alfi 9 L9
al-Hagg Salih 59 L7
al-Hakim 22 G2, 23 H2
Hala Home 59 P5
Halab 9 K8
Hamdi 22 G6, 23 J5
Hamid Fahmi 6 C7
Hamid al-Sisi 51 K7
Hammad 30 D6
Hamuda Mahmud 40 G6, 41 H6
Hamza Fathallah 12 F3
Handusa 44 A6
Hanin ibn Ishaq 39 P3
Hanna Khalil 21 N6
al-Haqiqa 27 N9
Harat al-Sadat 45 K4
Harat al-Saqqayin 44 G1
al-Hars 44 B2

Harun 43 H3
Harun al-Rashid 9 N8, 10 A5
al-Hasan 18 C5, 30 E9
Hasan Aflatun 16 E9
Hasan al-Akbar 34 C8
Hasan al-Amin 19 L3
Hasan al-Anwar 49 L1, K4
Hasan 'Asim 20 C6
Hasan Gamal al-Din 29 J6
Hasan Hafez 8 D8
Hasan Hassan 32 B1
Hasan Ibrahim Hasan 28 D6
Hasan al-Imam 40 A1
Hasan Lutfi 14 A3
Hasan Mahmud 9 P1, 16 C6
Hasan Ma'mun 29 M4, 41 M1
Hasan Mazhar Basha 16 D3
Hasan Mitwalliy 51 K4
Hasan Muhammad 50 G5
Hasan Muhammad 'Allam 16 B2
Hasan Muhammad al-Razzaz 31 P7
Hasan Murad 44 B3
Hasan Musa al-'Aqqad 16 C4
Hasan Sabri 20 C9
Hasan Sadiq 15 N5
Hasan al-Sharif 41 M2, L8
Hasan Surur 50 B4
Hasan Yusri 16 E8
Hasanayn 'Abd al-Qadir 29 K7
Hasanayn Haykal 11 C9
Hasanayn Khallaf 18 C8
al-Hasba' 16 C2
Hassan Ahmed Khallaf 41 J1
Hatim al-Ta'iy 28 A7
Helwan 44 D6, 49 J2
Hifni al-Tarzi 48 E5
al-Higaz 7 K8, 9 L6, J8, 10 A3, 19 H9, 30 F3,G1, 59 L1
Higazi 54 C3
Higazi 'Ali al-Sayyid 18 G5
Hilmi 'Abd-al-'Ati 41 K4
Hilmi Gum'a 16 A7
Hilmi Hasan 'Ali 41 K2
Hilmi Husayn 48 E1
Hilmi 'Isa 9 K5
Hilmi Kamal 6 B9
Hilmi Shalabi 16 A8
al-Hilmiya 45 M5
al-Hinaydi 51 P4
Hisham Labib 41 J2
al-Hud al-Marsud 45 J6
Huda Sha'rawi 33 M7
al-Hukama' 14 D3
Hunayen Ibn Ishaq 40 A3
al-Hurriya 16 C4, 17 H3, 52 F6
Hurus 15 J1
al-Husayn 30 F7, G9
Husayn Fahmi 28 C7
Husayn al-Gizawi 19 K5

Husayn Higazi 44 C2
al-Husayn ibn 'Ali 10 D1
Husayn Kamil 7 L6
Husayn Kamil Salim 17 J3
Husayn Mansur 9 N2
Husayn Mas'ud 20 D7
Husayn Rifqi 8 C9
Husayn Shafiq al-Masri 7 J6
Husayn Wasif 42 F4
al-Husayniya 23 L9, 35 L1
Husni 23 J2
Hussain Sadiq 41 L5

'Ibad al-Rahman 59 M6
'Ibadat al-Ansari 24 D2
Ibn 'Abd al-Zahir 14 B1
Ibn Abraha 48 A1
Ibn Arhab 43 H9
Ibn Bassam 7 K9
Ibn Battuta 51 N2
Ibn al-Hakam 9 K2
Ibn Hani al-Andalusi 27 M8
Ibn al-Haytham 40 A1
Ibn Hisham 7 K8
Ibn al-Ikhshid 43 K3
Ibn Iyyas 14 C2
Ibn al-Kalansi 15 N6
Ibn Kathir 7 L7, 43 H6
Ibn Khaldun 19 L4, 23 K5, M5
Ibn Magid 7 L7
Ibn Mansur 14 E3
Ibn Marawan 43 H2
Ibn Matruh 22 B2
Ibn Muflig 24 D1
Ibn al-Mutawwag 14 D3
Ibn al-Nabih 20 A5
Ibn al-Qarani 21 M2, P2
Ibn Qunsuwa 36 E3
Ibn Qutayba 40 A7
Ibn Rashid 21 L1, 21 L4
Ibn Roshd 7 M8
Ibn al-Rum 19 K3
Ibn al-Rumi 39 P7
Ibn Sa'id al-Gharnati 40 C7
Ibn Sa'id al-Maghrabi 16 B4
Ibn Sandar 8 B9
Ibn Shamir 48 A2
Ibn Sina 10 D9, 43 H9
Ibn al-Sirafi 9 J6
Ibn Thabit 59 K2
Ibn al-Walid 31 H8
Ibn al-Wardi 11 J1
Ibn Yazid 49 M2
Ibn Zafir 7 K8
Ibn Zinki 20 C8
Ibn Zulaq 14 C3
Ibrahim 'Abd al-Rahman 50 B4
Ibrahim 'Abd al-Razik 6 A4
Ibrahim Abu al-Naga 40 D8

Ibrahim al-Ba'thi 18 E3
Ibrahim al-Hindi 16 G2
Ibrahim Ibn al-Mahdi 40 A7
Ibrahim al-Laqqani 15 J2
Ibrahim al-Naggar 11 H1
Ibrahim Nagibal 44 B2
Ibrahim Nawwar 29 J5
Ibrahim al-Refa'i 41 J3
Ibrahim Salama 19 L9
Ibrahim Salim 15 M7
al-Ibrahimi 44 B1
'Id Mustafa 46 F7
Idfu 9 N6
al-Idrisi 14 F3
Ifriqya 41 N1
Ihsan 'Abd al-Quddus 14 C8
Ikhnatun 51 N2
al-'Ikhshid 48 D8
'Imad al-Din 22 A9, 34 A2
'Imad al-Din Kamel 27 P6, 28 A6
al-Imam 'Ali 10 A9
al-Iman 52 G6
'Imarat al-Fath 2000 58 E9
'Imarat Milissa 28 G1
'Imarat Rab'a 28 B4
'Imarat Ramo 29 H3
'Imarat al-Sa'udya 28 D1
'Imarat Shabab al-Muhandiseen 28 E4
'Imarat al-'Ubur 14 D9
'Imarat al-Yemen 20 D9
'Imarat Zayid 2000 66 A5
al-Imbabi 23 H7
Imru' al-Qays 39 N3
al-Insha 39 N1
al-Intag 6 C5
al-Intisar 6 D7
al-'Iraq 30 E4
'Isa ibn Zayd 13 M3
'Isa al-Kilani 18 F5
'Isam al-Dali 43 J4
Ishaq Ya'qub 16 E5
al-Ishaqi 14 D2
al-'Ishrin 46 D9, 50 B7
Iskandar al-Akbar 15 M3
al-Iskandariya 9 N9
Isma'il Abaza 44 C3
Isma'il Abu al-Futuh 32 A8, 43 H1
Isma'il Bey 13 M4
Isma'il Fahmi 16 F2
Isma'il al-Fangari 6 D5, 13 N9, 26 A4
Isma'il al-Mabruk 18 F4
Isma'il Mazhar 14 C1
Isma'il al-Mazni 7 L9
Isma'il Muhammad 20 B5, D6
Isma'il Musa 17 L6
Isma'il Ramzi 9 L7
Isma'il Sabri Basha 10 E1
Isma'il Sirri 44 B5
'Ismat al-Khadari 16 E8

'Ismat Mansour 41 L4
Isna 15 N2
al-Isra' 18 C6
al-Istad al-Bahari 26 D1
Itribi Basha Abu al-'Izz 6 C7
Ittihad al-Muhamiyin al-'Arab 44 A4
'Izbat Abu Qarn 49 K9
'Izbat al-'Arab 37 J3
'Izbat Haridi 49 P3
'Izbat Muhammad Bey Fahmi 52 C7
'Izz al-Din 'Umar 50 B9
'Izzat Salama 40 D1

al-Jahiz 39 N5
Juhaina 42 F2

Ka'b Ibn Malik 7 K8
Kabul 28 F9, 40 F1
Kafr Tahurmus Road 51 J2, L4
al-Kafrawi Corridor 57 K9
Kafur 43 J3
Kamal 24 D2
Kamal al-Din Salah 33 J8
Kamal al-Shafi'i 10 C9
Kami 23 H3
Kamil Ibrahim Khalil 18 D9
al-Kamil Muhammad 20 C8
Kamil Mursi 6 C7
Kamil al-Shinnawi 44 A2
Kamil Sidqi (al-Faggala) 22 C8
Kamil Wasif 43 J4
al-Kanisi 57 M7
al-Karama 66 B4
al-Kardani 16 D1
al-Kashaf 42 C4
Kawsar 30 D6
al-Khadra' 21 H7
Khalid 50 E5
Khalid ibn al-Walid 50 D4
al-Khalifa 51 J7
al-Khalifa al-'Amir 39 N4
al-Khalifa al-Dhafir 39 J5
al-Khalifa al-Hadi 29 M9
al-Khalifa al-Ma'mun 13 H9, P4, 14 A4, D2
al-Khalifa al-Mansur 10 C7
al-Khalifa al-Muntazar 39 L6
al-Khalifa al-Muti'i 39 P6
al-Khalifa al-Qahir 38 E5, 39 J3
al-Khalifa al-Radi 39 N5
al-Khalifa al-Waseq 39 P4
Khalig al-Khur 22 A9
al-Khalig al-Misri 12 A3, 23 H9, 44 E5
Khalil 'Abd al-Khaliq 7 J7
Khalil al-'Arusi 11 H3
Khalil Galal 50 A4
Khalil Ibn Qalawun 11 J1
al-Khalil Ibrahim 50 E5
al-Khamyel 67 N5

Khan al-Khalili 35 J6
al-Kharbutli 22 E6
al-Kharratin 34 G1
al-Khartum 15 N1, 18 G2
al-Khassa 36 B8
al-Khatib 42 G5
Khatim al-Mursalin 51 P6
Khayrat 44 F3, F5
Khayri 13 L4
al-Khidawiya School 45 K3
Khidr al-Tuni 27 H1
al-Khudayri 45 K7
Khufu 47 M8, 50 A8
al-Khulafa' 10 A7
Khurshid 50 B9
al-Kinisa al-Murqusiya 22 C9, 34 C1
Klot Bey 22 B8, 34 D1
Kubri Baghus 23 J3
Kubri al-Laymun 22 A6
Kubri al-Qubba 13 K5
Kubri al-Qubba Bridge 13 L5
Kulliyat al-Zira'a 47 N3
al-Kum al-Akhdar 50 A9
Kum Umbu 9 M6

La Ilaha Illa Allah 59 P4
La Rose 74 B4
Labib al-Batanuni 48 F5
al-Lasilki 53 L5, J8
Laterra 74 C6
Lazughli 44 A1
al-Leis Ibn Sa'd 7 L9
al-Leisy 50 F5
Les Rois 74 E7
Libnan 18 D8, 30 F1
Light City 74 C5
al-Liwa 'Abd al-'Aziz 'Ali 11 H6
al-Liwa Ahmad Muhammad 'Ali 7 J7
al-Lukanda 15 H2
Lumumba 16 B2
Lusaka 28 G6, 29 K6
Lutfi Bey 14 A3
Lutfi Bey Mansur 16 C5
Lutfi Hassuna 32 B8
Lutfi al-Sayyid 12 B9, 23 M2
al-Lutus 74 F1

Ma'adi Bridge 54 E4
Ma'adi Entrance 2 54 B6
Ma'adi General Library 52 E7
al-Ma'ali 8 E9
al-Madabigh 49 M4
al-Madaris 12 C2
al-Madina al-Munawwara 30 E7,G4, 53 J1
Madkur 30 D8
al-Madrasa al-Ingiliziya 21 M2
al-Madrasa al-Qawmiya 43 M9, 48 E1
Madrasat 'Abbas 21 L5

Madrasat Nasr al-Din 47 H7
Madrasat Waliy al-'Ahd 24 C3
al-Magd 8 E9
Maged Maher 53 H2
al-Magharbalin 45 P2
Maglis al-Dawla 57 K5
Maglis al-Sha'b 44 D1, 45 J3
Magra al-Sil 55 P8
al-Ma'had al-Fanni 59 N7
al-Ma'had al-Ishtiraki 8 G9
al-Mahalla 15 N1
al-Mahatta Bridge 54 E5
Mahattat al-Dimirdash 12 D8
Mahattat al-Qubba 13 M2
Mahattat al-Zeitoun 8 E2
al-Mahdi 34 B2
Maher Badawi 6 D5
Mahgub Sabit 31 N3
Mahir Basha 24 B4
Mahmasha 23 L2
Mahmud Anwar 16 C8, 50 G4
Mahmud 'Azmi 18 F3, 20 D8
Mahmud al-Babli 12 D6
Mahmud Badi 51 L5
Mahmud Badr al-Din 19 H6
Mahmud Basyuni 33 L5
Mahmud Bayram al-Tunsi 44 E9, 49 N1
Mahmud Fahmi 28 E7
Mahmud Fahmi Basha 43 P8
Mahmud Fu'ad 16 G6
Mahmud Ghunaym 29 K7
Mahmud Hafiz 10 C7
Mahmud Hubballah 40 E5
Mahmud Husayn al-'Ashri 11 H6
Mahmud 'Imad 15 N6
Mahmud Kamil 48 E2
Mahmud Khalil al-Husari 19 M9, 31 P1
Mahmud Khayri 27 P8, 28 A8
Mahmud Mukhtar 32 D8
Mahmud al-Nabil 41 L5
Mahmud Nashid 10 A4
Mahmud Qutb 9 N2, 16 C8
Mahmud Ramzi Nazim 48 G2
Mahmud Sadiq 16 D9
Mahmud Sami al-Barudi 28 E9
Mahmud Shaltut - al-Tayaran 39 M2
Mahmud Shukri 24 E1
Mahmud Sidqi 20 D3
Mahmud Tawfiq 40 F1
Mahmud Tharwat 48 E2
Mahmud Zulfiqar 48 E5
al-Mahruqi 15 K8, 19 L9, 31 K1
Makhazin al-Sihha 24 E6
Makhazin al-Tram 24 C8
Makka 50 E4
Makka al-Mukarrama 30 G5, 31 H5, 53 K1, 59 K1, 60 B9

Makram 'Ibayd 28 F5, F9
al-Malik al-Afdal 20 A6
al-Malik Faysal 46 A9, E7, 50 D5, 51 L2
al-Malik Faysal Bridge 47 J6
al-Malik al-Muzaffar 48 D6
al-Malik al-Muzaffar Ahmad 36 F2
al-Malik al-Salih 48 F8
al-Malik al-Salih Bridge 48 G5
al-Malika Zubeida 18 G3
al-Mamalik 15 H2
al-Mamalik al-Bahriya 48 E7
Mamduh Salim 25 N6
Mamnun 15 L2
al-Ma'mun 19 J3, 47 N9
al-Ma'mura 58 A3
al-Manfaluti 12 F3
al-Manshiya al-Gadida 50 A4
Manshiyat Nasir 36 E8
Manshiyat al-Tahrir 6 A7
Manshiyat al-Tayaran 14 E4
Mansur 33 N8, 44 D3, E1
al-Mansur Muhammad 20 B5, B7
al-Mansura 9 N7
al-Mansuri 21 M7, 31 P8
al-Mansuriya 35 N4, M6
Mantiqit al-'Utuf 35 M3
al-Maqrizi 14 D1, B2, 20 A7
Margil Bey 20 D2
al-Ma'rifa 28 A9
al-Marisi 44 C7
Ma'ruf 33 M4
Marvel City 74 C4
al-Marwa 30 E8
Marwa City - Madinat al-Marwa 15 M8
Masakin al-Gund 24 E4
Masakin Hay'it al-Barid 23 M1
Masakin Kafr Tahurmus 46 D7
Masakin al-Quwwat al-Musallaha 26 A7
Masani' al-Harir 23 P9
Masarra 22 A1
al-Masgid al-Aqsa 18 C9
Masgid 'Imad Ragab 57 M7
Masgid al-Sahaba 42 B1
Masgid 'Umar ibn al-Khattab 60 C6
al-Masrawiya 73 L1
al-Mas'udi 14 C2
al-Matar 18 F1, D2
al-Matba' al-Ahliya 20 G5
al-Matba'a - al-Shirbini 50 E5
Mathaf al-Manyal 43 N8, 48 F4
Mathaf al-Nil 48 G1
al-Mathaf al-Zira'i 31 N6
al-Mawardi 44 B6
Mazlaqan Mit 'Uqba 18 C3
Mena Gardens 74 D5
Midan al-'Abbasiya 24 F1

Midan 'Abbud 36 B7
Midan 'Abd-al- Hamid 41 K4
Midan 'Abd al-Mum'im Ryad 33 J5, 72 B3
Midan al-Abtal 34 E2
Midan Abu al-Barakat 19 N9
Midan Abu al-Karamat 31 K1
Midan Abu al-Lathamin 31 L1
Midan Abu al-Mawahib 19 M9, 31 M1
Midan 'Adnan 'Umar Sidqi 42 A1
Midan Alf Maskan (Midan Buqtur) 6 D5
Midan Anas Ibn Malik 30 D4
Midan Anwar al-Sadat 56 A6
Midan Aswan 31 L1
Midan al-'Ataba 34 D5
Midan 'Atif al-Sadat 10 E9
Midan Bab al-Khalq 34 E8
Midan Bab al-Sha'riya 34 G2
Midan al-Basha 48 E3
Midan al-Basra 30 D6
Midan Birket al-Ratli 22 G8
Midan Buqtur (Midan Alf Maskan) 6 D5
Midan Bur Sa'id 19 L9, 54 G4
Midan al-Bustan 66 G4
Midan al-Bu'uth 36 A1
Midan al-Dahir 23 L6
Midan Digla 55 L7
Midan Durra 66 E5
Midan al-Falaki 33 N7
Midan al-Fardus 32 F8, 36 C1
Midan Fu'ad Muhi al-Din 31 H2
Midan Fumm al-Khalig 49 H2
Midan al-Gala' 43 K1
Midan al-Gami' 54 D6
Midan al-Gaysh 23 M7
Midan al-Gaza'ir 53 H6
Midan Grand Mall 55 L2
Midan al-Gulf 52 D9
Midan al-Gumhuriya 'Abdin 34 A8
Midan al-Hakim 47 N7
Midan al-Hukama 30 F7
Midan al-Hurriya 54 C5
Midan al-Husari 59 L5
Midan al-Husayn 35 K6
Midan Ibn 'Affan 31 H9
Midan Ibn al-Hakam 9 J1
Midan Ibn al-Walid 31 J9
Midan al-Is'af 33 M1
Midan al-Isma'iliya 10 A8
Midan al-Ittihad 54 B1
Midan Juhaina 65 H4
Midan Khaled Ibn al-Walid 72 B9
Midan al-Kit-Kat 19 P4
Midan Kulliyat al-Nasr 55 M4
Midan Lazughli 44 F2
Midan Libnan 18 D7

Midan Libnan Bridge 18 C8
Midan Madkur 51 N3
Midan al-Mahatta 54 F5
Midan Mahattat al-Giza 47 L9
Midan al-Mahdi 34 F6
Midan al-Mahdiya 34 F6
Midan al-Mahkama 9 N4
Midan al-Malik al-Salih 49 J6
Midan al-Malika Zubeida 19 H2
Midan Mugamma' Magda li-l-Funun 59 K4
Midan Muhammad Taymur 29 K6
Midan al-Murshidi 57 J1
Midan Mustafa Fadil 45 L3
Midan Mustafa Kamil 33 P5, 34 A5, 55 J7
Midan al-Nabawi al-Muhandis 19 N8
Midan al-Nadi 55 H3, 59 N1
Midan Nagib Mahfuz (Midan Sfinkis) 19 L7
Midan al-Nahda 73 M9, 55 J3
Midan Nahdat Misr 43 H7
Midan al-Nuzha (Triumph) 10 F6
Midan Qaitbay 36 A8
Midan Qasr al-Qubba 13 K3
Midan Qasr al-Tahra 8 C8
Midan al-Qiyada al-Mushtaraka 16 A4
Midan Ramsis 22 B7
Midan al-Ruda 48 E6
Midan al-Sadd al-'Ali (Fini) 32 A9
Midan Safir 10 C8
Midan al-Sakakini 23 M5
Midan Salah al-Din 9 P9, 45 P6
Midan Sant Fatima 10 F3
Midan Sawares 54 G3
Midan al-Sawra 31 J5
Midan al-Sayyida Zeinab 44 G6
Midan Shahin 31 P3
Midan Simon Bulivar 33 J9
Midan Suliman Guhar 31 N8
Midan al-Ta'awun 50 C8
Midan Tahran 42 D1
Midan al-Tahrir 33 K8, 55 P5
Midan Tal'at Harb 33 M6
Midan al-Ubra 34 B4
Midan 'Uman 31 H9
Midan 'Urabi 33 P2
Midan 'Usman Ibn 'Affan 11 H5
Midan Victoria 55 L5
Midan Vodafone 56 B8
Midan al-Wahab 57 K2
Midan al-Wihda al-Ifriqiya al-Misaha 42 G3
Midan al-Yasmin 69 N1
Midan Zayn al-'abidin 44 E9
al-Mihwar al-Markazi 56 D6, 57 J3, M1, 58 F9, 59 N7
al-Miligi 50 F6
Mina Garden City Village 62 D4

Minis 15 L3
al-Minya 9 L9
al-Minyawi 23 K2
al-Miqyas 48 D7
al-Misaha 43 H2
al-Mishadd 9 N2
Mishil Bakhum 31 J6, J9, 42 C2
Mishil Lutfallah 20 E9
Misr wa-l-Sudan 12 B8, 47 J7
Misr-Helwan 54 A2, A5
Mit Ghamr 10 B7
Mit walli Nur 39 P1
al-Mithaq - Ahmad al-Zumur 41 H7
al-Mu'askar 52 G5
Mudiriyat al-Tahrir 44 B4
al-Mufattishin 17 H6
Muhammad 'Abd-al-Hadi 16 E7
Muhammad 'Abd al-Halim Abdallah 28 C6
Muhammad 'Abd al-Mun'im 16 A8
Muhammad 'Abdallah Diraz 16 A6
Muhammad Abdallah al-Zayat 40 C7
Muhammad 'Abd-al-Muttalib 29 J7
Muhammad Abu Himayla - al-Mahatta 47 N9
Muhammad 'Adil Abu al-Ma'ati 6 G8
Muhammad Ahmad Salim 40 A9
Muhammad Ahmad Thabit 48 E9
Muhammad Anis 20 C3
Muhammad al-'Ashmawi 39 N9
Muhammad 'Awad 28 E6
Muhammad Badawi 59 J7
Muhammad al-Baqli 10 A2
Muhammad Bayyumi 16 A5
Muhammad al-Dimayri 7 M7
Muhammad Fahmi Hegazi 51 H4
Muhammad Fahmi al-Muhdar 39 P1
Muhammad Fahmi al-Sayyid - Rustum 44 B1
Muhammad Farid 6 D9, 33 P8, 34 A3, A6, 44 G2, 62 G8, 63 H8
Muhammad Farid Abu Hadid 39 P8, 40 B8
Muhammad Farid Corridor 71 J5
Muhammad Farid Wagdi 48 D4
Muhammad Fathallah al-Sulti 40 A5
Muhammad Fathi Nagib 44 B5
Muhammad Galal 15 L4
Muhammad Gamal Bura'i 16 B7
Muhammad Gamal al-Fiqi 16 E5
Muhammad al-Ghazali - Qambiz 42 B1
Muhammad Ghunaymi Hilal 29 L8
Muhammad Ghuneim 15 L6
Muhammad Hafiz 31 K5
Muhammad Hasan 21 M8, 51 J3, 59 L9
Muhammad Hasan Badran 28 C6
Muhammad Hasan al-Gamal 28 C5

81

Muhammad Hasan Hilmi 30 F2
Muhammad Hasan al-Razzaz 32 A6
Muhammad Hassuna 11 H6
Muhammad Higab 6 B9
Muhammad Husayn Haykal 40 C1
Muhammad 'Ibeid 16 D3
Muhammad ibn Hamad al-Thani 46 B7
Muhammad Ibrahim 19 J4, 40 A3
Muhammad Ibrahim al-Shaykh 17 K7
Muhammad 'Izz al-'Arab 44 C4
Muhammad 'Izzat 16 D5
Muhammad Kamil al-Haruni 29 K8
Muhammad Kamil Mursi 31 K4
Muhammad Kurayyim 29 K5
Muhammad Magahid 59 M9
Muhammad al-Mahdi 16 B6, 50 A7
Muhammad al-Mahi 40 E4
Muhammad Mahmud 6 A9, 31 J4, 33 M8
Muhammad Mahmud 'Izzat 7 H8
Muhammad Mahmud Qasim 6 F9
Muhammad Maliha 51 H4
Muhammad Mandur 27 M7
Muhammad Maqlad 41 M3
Muhammad al-Mar'ashli 20 B4
Muhammad al-Margushi 29 K8
Muhammad Mazhar 20 D5
Muhammad Musa 46 F6
Muhammad Mustafa Hamam 28 B6
Muhammad al-Nadi 41 L1
Muhammad Nagi 62 G7, 63 H7
Muhammad Nagib 19 L2
Muhammad Qadri 45 J6
Muhammad Qinaya 16 G1
Muhammad Qutb 54 C1
Muhammad Ramzi 10 C6
Muhammad Rashid Rida 16 E3
Muhammad Rhami 19 K5
Muhammad Rif'at 10 A2, 62 E6
Muhammad Rushdi 19 N5, 34 A5
Muhammad Sabri Abu 'Alam 10 A9, 33 N6
Muhammad Salah al-Din 48 F6
Muhammad Salim 51 J6
Muhammad Saqr Khafaga 28 A9, 40 A1
Muhammad Sayyid Ibrahim 51 J3
Muhammad al-Shabani 16 E5
Muhammad Shafiq Basha 10 C4
Muhammad Shahin 31 N2, P4
Muhammad Shukri 31 N4
Muhammad Sidqi al-Shaf'i 48 F4
Muhammad Sidqi Suliman 18 C9
Muhammad Subhi 48 A2
Muhammad Tal'at 31 P5
Muhammad Tal'at Salim 28 A7
Muhammad Tawfiq al-Bakri 7 L9
Muhammad Tawfiq Diyab 28 D7

Muhammad Tawfiq Wahba 29 L6
Muhammad Tawfiq Wasef 29 M5
Muhammad Thaqib 20 B5
Muhammad 'Uf 31 P4, 32 A4
Muhammad Yusif Musa 40 A2
Muhammad Yusif al-Qadi 15 L6
Muhammad Yusif Salim 6 E9
Muhammad Zaghlul 15 L6
Muhammad Zaki Munir 28 E5
al-Muhandes Fakher 53 J1
Muharram Shawqi 15 M3
al-Muhawilat 50 F7
Muhazzab al-Din al-Hakim 45 M4
Muhi al-Din 'Abd al-Hamid 40 E6, 41 H5
Muhi al-Din Abu al-'Izz 30 G6, G9
Muhibb Qasim 17 H5
Muhsin Rushdi 41 H6
Mu'izz al-Dawla 29 J9
Mu'izz Ibn Gabal 7 K8
al-Mu'izz li-Din-Allah 35 H6, J4
al-Mukhayam al-Dayem 38 D2
al-Mukhtar 48 E8, 52 G6
Mukhtar Husayn 7 K7
Mukhtar al-Masri 29 K5
Munazmat al-Wihda al-Ifriqiya 13 J8
Mu'nis Afandi 44 G1
al-Muntasar Billah 36 F3
al-Muntasir 19 N9
Muntasir Buildings 51 M3
al-Muntaza 10 C3, 20 D2
al-Muqawilun al-'Arab 6 E5
Murad 19 P3, 20 A1, 47 N5, P3
Murad al-Shari'i 10 E4
Murqus Bishara 22 D1
Murqus Hanna 31 N6
al-Murur 36 A3, 56 B9
Musa Farag 50 A5
Musa Galal 30 F2
Musa ibn Nusayr 39 N5
Musa al-Kazim 39 P6
Musaddaq 42 A1, D1
al-Muski 34 E5
al-Musliman 43 M9
Mustafa 'Abd al-Sami' 40 E5
Mustafa Darwish 28 E7
Mustafa al-Diwani 44 A6
Mustafa Hilmi 16 F5
Mustafa 'Inani 16 E3
Mustafa Kamil 13 K4, 50 B5, 54 F5, 55 K7
Mustafa Mahmud 16 B8
Mustafa Mukhtar 7 M8
Mustafa Musharrafa 16 C2
Mustafa al-Nahhas 40 C2, 41 H1
Mustafa Rida 48 F2
Mustafa Saddiq al-Raf'i 10 D4
Mustafa Shams al-Din 6 B8
Mustafa Shirdi 18 E3

Mustafa Sirri 45 L3
Mustafa Yusuf 57 J5
al-Mustaqbal 58 B3
Mustashfa Heliopolis 10 B3
al-Mustashfa al-Itali 24 D4
Mustashfa al-Talaba 36 B1
Mustashfa al-Zahra' al-Gama'i 24 D6
al-Mustasmirin al-Ganubiya 73 M4, 74 B5
al-Mutamayyiz District 62 F5, 63 H7

al-Nabatat 66 F3
al-Nabawi al-Muhandis 19 M5
Nabil Khalil 40 D1
Nabil al-Waqqad 16 B7, 16 B7, 42 G1, 43 H1
Nablus 30 E1
al-Nada 66 G2
al-Nadi 46 G7, 47 H8, 54 G4, 55 K1
al-Nadi al-Gadid 52 E9, G9
Nadi Heliopolis 15 H3
Nadi al-Tayaran 10 G2
Nagati Sirag 41 J5
Nagib Basyuni 11 H4
Nagib Hashad 7 K6
Nagib Mahfuz 31 P3, 40 E5, 62 E6
Nagib al-Rihani 33 P1, 34 A1, C2
al-Nahda 27 M7, 54 C6
Nahya Bridge 30 D7
al-Nakhil 66 E4
Nakhla al-Muti'i 10 B6, E6
Naqib al-Gaysh 24 D4
al-Nargis 20 C2
al-Nargis Buildings 72 E8
al-Naser 9 M5
al-Nasim 66 E4
al-Nasir 13 J6
al-Nasir Abu al-Farag 36 E1
Nasir Khisru 39 P7, 40 B6
al-Nasiriya 44 G3
al-Nasr 50 F6, 52 F7, 53 J6, M6
Nasr Ahmad Zaki 28 A7
Nasr Da'bas 18 F4
Nasr al-Din 15 K3, 16 D1
Nasr al-Din Tunnel 47 K8
Nasr 'Umar 57 P5
NATA 69 H3
National Defense Council Division 73 L7
Nazih Khalifa 9 K9, 15 M1
Nehru 9 H7
al-Nidal 27 M8
Nigm al-Din 23 N9
al-Nigma 10 B2
al-Nil 19 P3, P8, 20 A3, 32 A3, 43 K4, J8, 48 B2
al-Nil al-Abyad 18 D4, 18 D7
Ni'matallah al-Gadid 50 A9
al-Nisim 20 D1

Nubar 33 N8, 44 F1, E3
al-Nugum 28 A7
Nur al-Din Bahgat 40 F4
al-Nuwayri 7 L9
al-Nuweiri 14 C1
al-Nuzha 16 E1, D9, 23 N4, 28 C2, 67 P1
al-Nuzha Bridge 16 D6

October Hills 60 F1, 64 D1
Orchidia 73 N6

Palestine 53 H3, M5
Palm Hills 74 B5

al-Qadah 55 P7
al-Qadib 49 M2
Qadri 13 N2
al-Qal'a 34 D5, D7
al-Qal'a - Muhammad 'Ali 34 E8, 45 N3
Qal'it al-Ruda 48 E7
Qambiz 31 J8
al-Qanal 54 G5, 55 H8
Qanat al-Suwis 10 B7, 30 G1
Qantarit Ghamra 23 L5
al-Qarqul 24 C4
Qasim 42 F3
Qasim Amin 13 E2
Qasr al-'Aini 33 K9, 49 H1
Qasr al-Mukhtar 48 G1
Qasr al-Nil 34 A5
Qasr al-Nil Bridge 32 G8
Qasr al-Tahra 8 D7
al-Qattamiya Buildings 70 C8
Qattamiya Dunes 74 E9
Qibs Ibn Sa'd 49 H4
Qina 9 L8
al-Qinawi 50 F3
al-Qubba 8 E9
al-Qubba al-Khidawiya 24 C3
Qubbat al-Ashraf 36 B6
al-Qubeisi 22 F6, 23 J5
al-Quds al-Sharif 18 C9, 30 E1
al-Qulali 21 M7
Qursh 28 D9
al-Qushlaq 9 N6
Quwat al-Amn 36 A2

Rab'a al-'Adawiya 27 L5
al-Rabi' 59 J8
Rabi' al-Gizi 47 P6
Radwan 43 M9
Radwan Ibn al-Tabib 47 N3
Rafiq Salah al-Din 9 L7
Ragab Khalifa 51 K5
al-Rahhala al-Baghdadi 16 E9
al-Rakbi 21 L7
al-Rakha' 27 M7

al-Ramla 9 N9
Ramlat Bulaq 21 J4
Ramo 63 K9
Ramsis 15 L3, 21 P9, 22 C5, 23 J4, M3, 24 D1, 33 L4, M2, 47 J9
Ramsis Extension 25 H2, P9, 38 A3
Ramsis al-Tany 50 B8
Ramzi Farag 50 G7
al-Rashah 50 E2
al-Rashid 18 D3
Rashidan 42 F3
al-Rashidi 44 B7
al-Rawda 66 E3, 67 H1, K2
al-Rawda - 'Abdallah 'Ali 59 P9
al-Rayyan 16 A3
al-Razi 39 N4
Ridan 24 D4
Rifa'a 14 C2, 42 F4
Rifa'a Rafi' 9 L4
Rifa'a al-Tahtawi 9 L5
Rifa'i 51 L5
al-Rifa'i al-Baz 57 M9
Rif'at Salih Tawfiq 6 G8
Ring Road 68 C6
Ritaje City 73 P2
Riviera Heights 74 C8
al-Riyad 30 C2,F2, 53 K1
Riyad Ghali 23 K1
Riyasat al-Hayy 53 H1
Rizq Hanna 51 J3
Road 1 54 B7, 56 E6
Road 2 54 C7, 56 C9, E7, 57 N2, 58 G9
Road 3 54 C6, D7, 58 G9
Road 4 54 D6, 56 D8, 57 N1, 58 F9, 58 F1
Road 5 15 L6, 54 E6, 57 P1, 58 F1
Road 6 54 E6, F8, 56 D9, 58 F1
Road 7 54 F6, 56 E9, 57 M2, L3
Road 8 54 G8, 56 E1, 57 M2, 58 F1
Road 9 54 G9, 56 D1, 57 M2
Road 9A 54 D1
Road 9B 54 D1
Road 10 54 G6, 56 A1, F2, 57 M2, 58 E1
Road 11 54 G6, 55 H8, 56 E8, 57 M3, 58 E1
Road 12 54 F3, G5, 55 H8, 56 G1, E7, 57 H1, 58 D1
Road 12B 54 F2
Road 13 54 G5, 55 J8, 56 F7, A3, 57 N2, 58 C2
Road 14 55 J8, H5, 56 F7, 58 D2
Road 14B 54 F2
Road 15 54 G3, 55 K8, J6, 56 D2, 57 P3, 58 D1
Road 15 - al-Khazzan 56 G6, 57 J9
Road 16 55 K7, 56 D2, 58 E2
Road 17 55 J5, 56 B5, F3, 57 J1, 58 C3, E5

Road 18 55 K5, 56 B7
Road 19 55 K4, 56 A5, C4, 57 P2, 58 E2
Road 20 55 K4, 57 P3, 58 D3, 59 L8
Road 21 55 K2
Road 22 55 K2, 56 G9, 58 E3
Road 23 55 K1, 58 G4
Road 24 52 D9, 55 L1, 56 G8
Road 25 57 H9
Road 27 57 P3
Road 28 - 'Umar Sayyid 57 N4
Road 29 57 N6
Road 30 57 P5
Road 31 57 N4
Road 32 57 N4
Road 34 57 N5
Road 35 57 P5
Road 40 57 P7
Road 41 58 G3, 59 H3
Road 44 58 F6
Road 45 58 G3, 59 H3
Road 47 24 A8
Road 72 54 D1
Road 73 54 D1
Road 74 54 D2
Road 75 54 E2
Road 76 54 D2
Road 77 52 D8, 54 E3, 55 H1
Road 77C 52 C9
Road 78 54 F3
Road 79 54 F4, 55 J2
Road 80 55 J3
Road 81 54 E6, F5, 55 J4
Road 82 54 D7, F6, 55 H5, K4
Road 83 54 E7, G7, 55 J5, K5
Road 84 54 F8, 55 H7, K5
Road 85 55 J7
Road 86 55 H8, J7
Road 87 55 H9, K8
Road 88 55 K9
Road 100 54 C6
Road 101 54 B6
Road 103 54 A2
Road 104 54 B2
Road 105 54 B2
Road 150 54 B5
Road 151 54 B4
Road 152 54 D5
Road 153 54 D4
Road 154 54 C4
Road 155 54 B4
Road 157 54 B3
Road 158 54 B2
Road 159 54 B1
Road 160 54 B1
Road 198 55 M9
Road 199 55 N8
Road 200 55 N7
Road 201 55 L8

83

Road 202 55 L8
Road 203 55 M8
Road 204 55 M8
Road 205 55 M8
Road 206 55 M7, P7
Road 207 55 M7
Road 208 55 M7
Road 209 55 M6
Road 210 55 M6
Road 212 55 M5
Road 213 55 M5
Road 214 55 M5
Road 215 55 M4
Road 216 55 M4
Road 217 55 N4
Road 218 55 N4
Road 219 55 N3
Road 220 55 P3
Road 221 55 N3
Road 231 55 P5
Road 232 55 P6
Road 250 52 E7, 55 L1, L9
Road 251 55 M6
Road 252 55 M6
Road 253 55 N6
Road 254 55 P4
Road 256 55 L1
Road 257 52 E8, 55 M1
Road 258 52 F8
Road 259 52 F9
Road 260 52 G8
Road 261 52 G8
Road 262 53 H7
Road 262 A 53 M7
Road 262 B 52 G8
Road 263 53 H7
Road 264 53 J7
Road 265 53 J7
Road 266 53 M5
Road 267 53 H5
Road 268 53 J5
Road 269 53 J4, J6
Road 270 53 K2
Road 271 53 H4
Road 272 53 H4
Road 273 53 J4
Road 275 52 F9
Road 276 52 F8
Road 277 52 F8, 53 H8
Road 278 52 F7
Road 279 52 G7
Road 280 53 H9
Road 281 53 H8, 53 H8
Road 282 53 J8
Road 283 53 J7
Road 284 53 J7
Road 285 53 J6
Road 287 53 H5
Road 288 53 H5

Road 289 53 H4
Road 290 53 K5
Road 291 53 K5
Road 292 53 L4
Road 293 53 L3
Road 294 53 L3
Road 294A 53 L2
Road 295 53 L2
Road 296 53 L2
Road 297 53 L2
Road 298 53 K2
Road 299 53 L3
Road 300 53 L4
Road 301 53 M4
Road 302 53 M4
Road 304 53 L2
Road 305 53 M2
Road 306 53 M2
Road 307 53 M4
Road 307A 53 M4
Road 308 53 J3
Road 309 53 J3
Road 310 53 J2
Road 311 53 J2
Road 312 53 J2
Road 313 53 J2
Road 314 53 J3
Road 315 53 J3
Road 316 53 K2
Rose Hill 73 N8
Royal Hills 63 L9
Rushdi 10 D9, 33 P6, 34 A6

Sa'ad Husayn Zaki 7 H7
al-Sa'ada 8 E8
al-Saba' Sakiyat 44 B9
al-Sabbagh 15 K1
Sabil al-Khizindar 23 N7, 24 A7, F6
Sabri 23 J6
Sabri al-Rashidi 59 L9
al-Sabtiya 20 G3, 21 M5, P6
Sa'd ibn 'Abada 59 L2
Sa'd Zaghlul 44 D2, 47 P8
al-Sadd al-'Ali 31 P8, 32 A9, 43 J1,
   54 E7
al-Sadd al-Barrani - al-Tibi 44 C9
Sadiq Gohar 39 J6
al-Safa 16 D2, 19 M2, 30 F8, 52 F5
al-Safa wi al-Marwa 50 B4
al-Safadi 14 B1
al-Saha al-Sha'biya 52 B9
al-Sahab 46 F9
al-Sahafa 21 L9, 33 M1
Saharig al-Miyah 9 J5, 17 H3
Sa'id Bahgat 6 E8
Sa'id Hafiz 61 J7
Sa'id Hilmi 52 B9
Sa'id Zu-l-Faqar 48 D2
Sa'id Zulfiqar 48 F3

al-Sa'idiya School 47 M2
al-Sakakini 23 M4, L6
al-Sakhawi 14 D2
Salah 'Amir 48 A1
Salah Dhu al-Fiqar 24 E4
Salah al-Din 19 N3, 30 G2, 45 P8
Salah al-Din Fadil 11 J1
Salah al-Din Mustafa 20 B8, 31 K4
Salah Galal 6 A9
Salah Hawash 41 H3
Salah Jahin 19 J6
Salah Magdi 16 B5
Salah Salama 50 F3
Salah Salim 14 D9, 24 F8, 25 M2,
   H5, 26 A1, 35 N9, 36 A4, 42 G5,
   47 L9, 49 L6
Salah al-Waqqad 16 A6
al-Salakhana 49 L1
al-Salam 9 M6, 37 L5, 51 J6
al-Salam – Ahmad 'Urabi 59 P2,
   60 D7
al-Salam Corridor 69 J1
Salama al-Radi 46 G8
al-Salbiya 45 L7
Salih Abu Suwayr 19 M6
al-Salih Ayyub 20 B7
Salih Harb 39 L6
Salim 'Abdu 24 B7
Salim al-Awwal 8 E2, D5
Salim Hasan 48 A3
Salim Sa'b 22 G1
Salim Salim 32 A4
al-Saluli 43 H3
Sami 44 F2
Sami 'Abd al-'Al 16 D8
Sami al-Barudi 34 D8
Samir 'Abd al-Ra'uf - Makram 'Ibayd
   Extension 40 G1, G4
Samir Sayyid Ahmad 48 E3
Samir Zaki 20 D2
al-Sanadili 47 N9
al-Sanayi' Bridge 21 J1
Saqr Quraysh Buildings 53 M2
Sarabis 10 D9
Saray al-Azbakiya 34 A3
al-Saray al-Kubra 44 B2
al-Saraya 43 N8
al-Sarugiya 45 N2
al-Sawra 15 L2, 16 B5, E6, 17 L8,
   H7, 31 L5
al-Sawra Tunnel 15 P3
Sayalit al-Ruda 43 P9, 48 G1
Sayyid 'Abd al-Mu'ti 52 C8
Sayyid 'Abd al-Wahid 15 J1
Sayyid Abu al-Naga 6 A6
al-Sayyid al-Bakri 20 D7
Sayyid Darwish 33 N2
Sayyid al-Mawardi 50 D6
Sayyid Mikkawi 19 M9, 31 L2

al-Sayyid al-Mirghani 15 J4, 16 D2
Sayyid Radi 9 M2
Sayyid Sabri 41 J5
al-Sayyid Taha 'Abd al-Barr 40 D6
al-Sayyid 'Usman al-Sa'i 16 B8
al-Sayyida 'A'isha 45 P8, 60 B7
al-Sayyida Khadiga 60 C9
Seif al-Din Barquq 27 P7
Seif al-Din al-Mahrani 22 C7
al-Shabab Corridor 71 K6, M5
Sha'ban Shalabi 51 K5
Shadi House 59 P4
al-Shaf'i 50 B8
Shafiq Ghali 51 K5
Shafiq Mansur 20 D9
Shagarat al-Durr 20 C6, B8
Shahab 18 E9, G8, 30 E1, E4
Shahab al-Din Khafagi 9 K6
al-Shaheed Mustafa Riyad 27 P7
al-Shahid 26 C9
Shamal al-Gamaliya Corridor 35 L2
Shanan 21 K5, M8
al-Sharabiya 22 G4, 23 H4
Sharaf 10 C9, 48 G2
Sharaf Sami 41 K5
Sharif 33 P4
Sharif Basha al-Kabir 34 C6
Sharif al-Hinnawi 57 K7
al-Sharif Kabul 8 D9
Sharif al-Sersawi 41 K2
al-Sharifa Dina 55 K1
al-Sharikat 38 C7
al-Sharq Insurance 74 B3
al-Shaykh Makhluf 14 A3
al-Shaykh Zayid Road 65 L7
al-Shazli 51 K3
al-Sheikh al-Maraghi 31 N3
al-Sheikh Ma'ruf 33 L4
al-Sheikh Qamar 23 K4, M6
al-Sheikh Rihan 33 K9, M9, 44 G1
Shibin 10 A8
al-Shirka al-Swisriya 52 G5
Shirkat al-'dwiya 24 E5
al-Shita 18 E4
Shubra 22 A2, A3
al-Shuhada' 36 C4, 59 N4
Shukri 48 F2
Shukri Wahba 50 B6
al-Shurafa 23 N4
al-Shuwayfat District 68 F5
al-Sibaq 9 K5
Sibawayh al-Masri 27 M6
Sidi Gabir 9 M9
Sidi al-Rifa'i 45 P5
Sikk al-'Umla 36 A1
al-Sikka al-Bayda' 24 F5, 25 J8
al-Sikka al-Hadid 21 J2, 47 K9
al-Sikka al-Tugariya 20 G1
Sikkat Hadid al-Suways 13 J6

Sikkat al-Wayli 12 D1
Sikkat al-Wayli Bridge 12 E1
al-Sil 14 E1
al-Simari 31 H3
Sina 18 G5
Sinnar 18 G2
al-Sirgani 23 P8, 24 A7
Siyahiya 1 64 A2
Siyahiya 3 60 C2
Sizustris 15 L2
Sodic Town 74 F4
Sri Lanka 20 D9
Subhi Fahmi 16 C8
Subhi Nasr 16 F1
al-Subki 14 F3, 42 D4
al-Sudan 18 G1, 19 H1, 30 B1, D9
al-Sukari 42 A6
Suliman Abaza 31 H4
Suliman al-Farisi 7 M9
Suliman Guhar 31 N9, 42 F1
Suliman al-Halabi 33 P1, 34 A2
Suliman al-Khadim 21 H5
al-Sultan Abu al-'Ila 33 H2
al-Sultan Hasan 45 N6
al-Sultan Muhammad 36 A6
al-Sumal 15 K2
al-Sumal - Iran 42 A2, D2
Sumed West 61 K6, 62 B7
Sun City 65 K5
Suq al-Qasr 20 G8, 21 H5
Suq al-Tawfiqiya 33 N2
Sur Madrasat al-Sanayi' 19 K2
Sur Magra al-'Uyun 49 H2
Surya 30 C3, G2
Suwayqat al-Sabba'iyin 45 J2
al-Suways 39 N5
al-Suyufiya 45 M6
Swan Lake 65 P8
Swaylam 51 L5
Swiss District 41 M7

al-Ta'awniyat Buildings 52 E4
al-Ta'awun 19 J2, 39 N1, 50 C6
al-Tabbakh 24 A3
al-Tabrizi 14 B3
Tabuk 53 L1
Tag al-Din al-Subki 16 F8
al-Tagammu' al-Khamis 69 K6
al-Tagnid Bridge 9 L3
Taha al-Dinari 39 P9, 40 B9
Taha al-Fashni 41 J1
Taha Husayn 20 C3, C5, 52 B9
al-Tahawi 14 E2
Taher al-Tanahy 9 J5
Tahir al-Gaza'iri 40 C9
Tahran 42 C1
al-Tahrir 33 J8, P8, 42 G1, 56 B1, 58 B5, F3, 59 J2, N8
Tahseen Farghali 27 P7

al-Ta'if 59 M1
Ta'iz 27 M8
al-Takamul 50 B7
Talal Muhammad 'Abdallah 47 J9
Tal'at Harb 33 M5, L6, 50 F5, 72 B8
Tal'at Harb Corridor 71 K5
Talkha 9 N9
Tamim Ibn al-Mu'izz 40 A1
al-Ta'mir 18 C8
Tantawi Guhar 44 E9
al-Taqaddum 27 M6
Taqiy al-Din al-Maqrizi 36 F2
Tariq ibn Ziyad 50 C7
Tariq Magra al-'Uyun 49 L3
Tariq al-Mustaqbal 71 J6
Tariq al-Nasr 26 E7, 27 M5, 28 E4, 37 J2, L1
Tariq Yahya 50 D8
Tawfiq al-Bakri 29 J5
al-Tawfiq City 27 H2
Tawfiq Dabbus - al-Nakhil 31 J4
Tawfiq Fahmi 51 J7
Tawfiq Gindi 54 G1
Tawfiq al-Hilali 50 B5
al-Tayaran 15 H9, 27 K2, 37 K8
al-Tayaran Tunnel 14 F8
Tiba 30 G4
Tiba Village 74 A5
al-Tibi Bridge 49 J1
al-Tir'a 54 C2
al-Tir'a al-Bulaqiya 22 B1, B3
Tir'at al-Gabal 8 C3, 12 D8, G6, 13 J4
Tir'at al-Gallad 22 D1
Tir'at Hamza 12 B4
Tir'at al-Zumur 47 J8
Tirsa Bridge 51 N6
al-Tis'in 68 E3, 69 M3, 72 A3, D1
al-Tubgi 42 A5
Tuhama 39 M7
Tulba Ahmad 43 P9
Tulul Zenhum 44 G9
Tumanbay 8 C9, 9 H2
Tunis 52 G6
Tur Sina' 23 M6
Tura al-Balad 55 P9
Tura Flyover 55 M9
Tutmuris 15 L3

'Ubayda ibn al-Garrah 50 E3
al-'Ubur 58 F6, C9, 59 J5, M2
'Umar 'Abd al-Samad 41 K3, L3
'Umar 'Atiya 29 K6
'Umar Bakir 11 H4
'Umar Gala 50 B3
'Umar Hanafi 40 F4
'Umar ibn 'Abd al-'Aziz 41 L6, 60 B7
'Umar Ibn al-Khattab 10 B9, 17 H6, 29 H3, 30 E8, 46 F8, 51 K5, 69 K9, 59 P7

'Umar Lutfi 40 C3, D5
'Umar Makram 23 M3, 33 J8
'Umar al-Mukhtar 39 P9
'Umar Tusun 19 L5
'Umar Za'fan 39 N2
al-Umara' 24 D4
al-'Umda 50 A9, 51 L5, 54 C3
Umm Kalsum (al-Gabalaya) 20 B9, 32 B1, C7
'Umran 54 G1
University Bridge 43 K7
'Uqba 42 G2
al-Uqsur 9 M8
'Urabi 33 P2, 55 H6
'Urabi Bridge 18 E2
'Urabi Station 21 P9
Urad Bey 10 A9
al-'Uruba 11 J7, 15 M4, 16 C1, A2, 52 G2, 53 J2, L1
al-'Uruba Corridor 68 F2
al-'Uruba Tunnel 15 L5
'Usman Badran 48 G1
'Usman Basha Ghalib 9 K5
'Usman Ibn 'Affan 9 P9, 10 DC, B8, 53 H8, 60 B7
'Usman Muharram 51 M6
'Usman al-Sadiq 41 K5

Village Gardens October 67 K7

al-Wabur al-Faransawi 21 J9, 33 J1
al-Wadi 16 D2
Wadi al-Liblaya 38 G7, 39 H8, K9
Wadi al-Nil 18 G6, G8, 31 H1, 54 D5, C7
al-Wagib 28 A6
al-Wagiha 21 H8

Wahat al-Khayr 58 C2
Wahdan 50 D5
Wahib Dos 54 F4
Wahran 27 M8
al-Wali 9 N5
Wali 13 L4
Walid Subhi 19 H7
Waraqa ibn Nufal 60 C9
al-Ward 20 C2
al-Warud Village 64 A4
al-Wasta 21 H6
al-Wazir 21 N2
West Arabella 71 M4
West al-Gulf 70 B2, A3
West al-Gulf Extension 70 A6
al-Wihda al-'Arabiya 51 N4
Wikalat al-Balah 21 J7
Wikalat al-Kharrub 20 G6
Wisa Wasif 43 H8
Wizarit al-Zira'a 31 N8
al-Wurud 31 H3

Yafa' ibn Zayd 47 N5
Yahya ibn Zayd 44 E8
Yahya Ibrahim 20 E7
Yahya Shahin 50 D8
al-Yaman 43 J5
Ya'qub 44 F3
Ya'qub Artin 10 B9
al-Ya'qubi 14 E2
al-Yarmuk 28 B9
Yaseen Raghib 41 K6
al-Yasmin 20 C2, 69 M1
Yathrib 30 E9, 59 L2
Yusri Fahmi 15 L7
Yusri Nabih 16 F8
Yusuf 'Abbas 26 G2, 27 J7

Yusuf 'Abd al-Salam 57 L6
Yusuf al-Digawi 48 D5
Yusuf Idris 19 J4
Yusuf Nagib 34 D3
Yusuf al-Sahabi 7 H9
Yusuf Sharif 48 E3
Yusuf al-Siba'i 44 E7
Yusuf Suliman 22 F8
Yusuf Wahbi 22 E6

al-Zahar 21 N7
Zahira 'Abdin - al-Misaha 42 F5
al-Zahra 16 C2
al-Zahra' 30 D8
Zahrat al-Mada'in 66 D2
al-Zahriya 31 L4
Zakariya al-Ansari 10 A1
Zakariya Rizq 20 E9
Zakariya 'Usman 41 K6
Zaker Husayn 39 P8, 40 B7
Zaki Abu al-Sa'ud 31 P3
Zaki 'Ali 20 D8
Zaki Hassan 27 N7
Zaki Rustum 28 C9
Zaki Sharaf 29 L9
Zamzam 30 E6
Zayn al-'Abidin 44 F8
Zaynab Kamil Hasan 31 K9
Zeid Ibn Sabit 7 M7
Zihni 24 D2
al-Zilzal Buildings 71 H5
Zizinia City 74 A6
al-Zubayr ibn al-'Awwam 7 J7
Zuhayr Sabri 39 M1
al-Zuhur 66 D4, F6

General Index

ART GALLERIES
Akhenaten Arts Center 20 E8
Arabesque Gallery 33 K6
Arts Palace 59 J2
al-Hanager Art Center 32 E8
Karim Francis Art Gallery 20 E8
l'Atelier Gallery 33 L5
Mashrabia Gallery 33 K6
Townhouse Gallery 33 M5

CAIRO METRO STATIONS
Attaba 34 C3
El Demerdash 12 C9
El Dokki 42 F1
Hammamat El Kobba 13 N1
Faysal 47 H5
Nasser 33 N2
Ghamra 23 L3
Giza 47 K8
Hadayek El Zeitoun 8 D3
Kubri El Kobba Station 13 L3
El Maadi 54 E5
El Malik El Saleh 48 G5
Manshiyet El Sadr 13 H6
Mohamed Naguib 33 P7, 34 A7
Opera 32 E9
Saad Zaghloul 44 D3
Sadat 33 L7
Sakanat El Maadi 54 G9
Saray El Kobba 8 A8
Sayida Zeinab 44 C7
Shohada 22 B8

CULTURAL CENTERS
6 October Cultural Center 56 A7
British Council 9 L8, 19 P8
Children's Library 29 H8
Cultural Wheel Center 20 A6
Culture & Science City 56 D4
Culture Center Opera House 32 E8
French Cultural Center 10 A9, 44 D4
Goethe Institute 33 K7, 42 G4
Great Cairo Library 20 D4
Indian Culture Center 33 N4
Italian Cultural Center 20 D9
Japanese Cultural Center 33 K9, 44 C1
Mubarak Library 43 J5
Planetarium 32 D9
Polish Center 15 N1, 16 D3

EDUCATION
6 October Primary School 60 C8
6 October Technical School 60 A7
6 October University 59 M3
6 October University Library 59 K5
Agyal Language School 69 L5
Ahmad Lutfi al-Sayyid School 46 D9
Ain Shams University 12 G9
Akhbar El Youm Academy 57 J2
Akhnaton School 68 G7
American College 62 E7
American University Housing 74 C7
American University in Cairo (AUC) 33 L8, 74 E2
Art Education College 20 C5
AUC Hostel 20 B4
al-Azhar Institute 40 E3
al-Azhar University 26 D9, 35 K7, 38 F2
Azhar University Playing Fields 24 C9
Badr Tiger School 56 E8
Balzac International French Lycee 69 K1
Cairo American College 55 N6
Cairo Korean School 69 H6
Cairo University 42 D8
Canadian International School 69 M8
Central Nursery 68 C9
Choueifat Int'l. School 68 E8
City Language School 62 F6
al-Dahir School 23 L7
Delta Language School 63 K7
Dutch Institute 20 D9
Ecole Franaisdu Caire 55 J9
Egypt International School 69 P3
Egyptian Language School 71 J3
Engineering High Institute 57 M3
Faculty of Agricultural 47 M4
Faculty of Applied Arts 42 D6
Faculty of Dentistry 43 N7
Faculty of Engineering 42 F8
Faculty of Medicine 12 C9
Faculty of Nursing 43 P5
Faculty of Sports Education 46 B9
Faculty of Tourism and Hotels 43 N5
Female Students' Hostel 19 H1
Fine Arts College 20 B5
Foreign Students' Hostel 19 H3
Former Police College 24 G3
Future American School 41 H7
German Institute 20 B3
German School 42 E5, 56 G9
Gil 2000 Language School 59 M8
Girls College - Kulliyat al-Banat 15 N7
Giza Electrical School 46 D8
al-Huda Azhar Institute 62 E9
Imbaba Secondary Technical School 19 K2
International Arab Academy 71 J2
Islamic Girls College 39 K1
al-Khalil School 58 D2
al-Kulliya al-Harbiya - Military Academy 11 K5
Kulliyat al-Handasa - Faculty of Engineering 24 C6
Kulliyat al-Shurta 24 G3
Lycee al-Huriya 55 J9
Ma'adi Secondary School 54 D7
Madinat al-Talaba 18 G3
Madrasit Gawad Husni 19 J1
al-Mahrusa Language School 69 N4
al-Manhal Private School 41 N1
Military Technical Colledge 13 M6
Misr University for Science & Technology (MUST) 62 A2
Modern English School 69 K1
Music Education College 20 C6
al-Mustaqbal School 69 J4
al-Nasr School 62 G8
Nasr School 10 A5
New Cairo Academy 71 P2
New Cairo British International School 69 L7
Nile University (Zuwayl) 65 K3
October Language School 69 J6
al-Qahira School 58 F9
Qasr al-'Aini Faculty of Medicine 43 N6
al-Radwa School 59 L2
Ramsis Girls' College 23 N2
Religious Institute 29 K8
Royal International School 57 L5
Sacred Heart School 9 K8
Sadat School 51 P3
Saint Fatima School 24 G1
Salah al-Din Experimental School 72 A7
SOS Children Village 41 H8
St. Lyon Le Grand College 55 K8
Student Hostel 12 G8, 42 C6
Student Hostel for Girls 47 L5
Tala'i' al-Mustaqbal School 41 H4
al-Taqaddum Private School 41 N1
al-Tarbiya al-Haditha School 69 M9
Teachers Training College - Kulliyat al-Tarbiya 14 D1
Umm al-Qura School 58 E8
Veterinary College 47 K5
Victoria College 55 M4
Vincent De Paul School 23 P8
Workers' University 28 C5

87

EMBASSIES

Afghanistan 16 C1
Albania 20 C2
Algeria 20 D6
Angola 31 J3
Argentina 20 B8
Armenia 20 D5
Australia 20 G5
Austria 43 H8
Azerbaijan 54 E3
Bahrain 20 E6
Bangladesh 30 F2
Belarus 43 H8
Belgium 44 B2
Bolivia 30 F9
Bosnia 31 L5
Brazil 33 H4
Brunei 20 D7
Bulgaria 20 A6
Burkina Faso 54 D5
Burundi 30 D2
Cambodia 43 P3
Cameroon 18 C9
Canada 44 B2
Central Africa 31 K9
Chad 31 J9
Chile 20 B8
China 20 B3
Colombia 32 C1
Congo 30 D1
Croatia 20 A5
Cyprus 19 L5
Czech Republic 42 E6
Denmark 20 C9
Djibouti 31 K9
Dominican Republic 20 D3
Ecuador 20 D6
Eritrea 30 F1
Estonia 20 A7
Ethiopia 42 B1
European Union 30 F4
Finland 20 A6
France 48 A1
Gabon 30 D2
Georgia 31 L1
Germany 32 B1
Ghana 18 C8
Greece 43 P4
Guatemala 55 J4
Guinea 20 D2
Honduras 18 C8
Hungary 20 D3
India 20 E7
Iran 42 G4
Iraq 31 J5
Ireland 20 D6
Israel 43 H7
Italian Consulate 33 L2
Italy 43 P5
Ivory Coast 18 G8
Jordan 43 H2
Kenya 18 C8
Kuwait 32 A9, 43 H1
Latvia 20 A8
Lebanon 20 B5
Lesotho 32 A8
Liberia 31 H9
Libya 20 B8
Lithuania 20 D2
Macedonia 55 N4
Malawi 31 J9
Malaysia 31 J2
Mali 30 F7
Malta 20 B9
Mauritania 30 F5
Mauritius 30 B3
Mexico 54 G5
Mongolia 54 D4
Morocco 20 B8
Mozambique 42 A1
Myanmar 20 D4
Nepal 30 E8
Netherlands 20 C8
New Zealand 20 G1
Nicaragua 30 C2
Nigeria 32 B2
North Korea 20 B8
Norway 20 C9
Oman 20 C3
Pakistan 43 H3
Palestine 31 K9
Panama 20 C8
Paraguay 55 J4
Peru 55 H4
Phillipines 55 N7
Poland 20 C9
Portugal 20 B9
Qatar 31 J2
Romania 20 B8
Russia 43 K2
Rwanda 18 F9
San Marino 30 E3
Saudi Arabia 43 H7
Saudi Arabia Consulate 44 A5
Senegal 31 L2
Serbia 20 B4
Singapore 31 H8
Slovakia 31 P8
Slovenia 31 H4
Somalia 42 C2
South Africa 55 H2
South Korea 31 P9
Spain 20 D6
Sri Lanka 20 C9
Sudan 44 B1
Sweden 20 D4
Switzerland 33 M4
Syria 42 G1
Tanzania 30 D4
Thailand 30 G4
Tunisia 32 F2
Turkey 44 E2
Uganda 54 D2
Ukraine 55 K5
Union of Comoros 42 D1
United Arab Emirates 43 H9
United Kingdom 44 A1
United States 44 B1
Uruguay 20 D9
Uzbekistan 31 P9
Vatican 20 E6
Venezuela 55 J3
Vietnam 30 G5
Yemen 43 H3
Zaire 20 B7
Zambia 42 D1
Zimbabwe 30 C2

GOVERNMENT OFFICES

6 October City Authority 59 P2
Agouza Police Station 32 A6
Agricultural Research Center 47 L3
Air Force House 15 J6
Arab League 33 J7
'Ataba Post Office 34 C4
Azhar Mashyakha 35 N7
Cabinet Office 44 C1
Cairo Governorate 34 A7
Civil Defense Institute 38 A4
Dar al-Iftaa' 35 P7
Dar al-Kutub 20 G4
Darb al-Ahmar Police Station 45 L3
District 7 Police Station 59 J2
Dokki Police Station 43 J2
al-Darrasa Traffic Department 36 A3
Gardens Research Institute 31 M7
al-Gazira Police Station 32 C1
General Food Production Syndicate 37 P1
General Survey Authority 42 G6
Governorate Giza 46 F9
High Court 33 M3
IMBABA Bus Garage 19 J1
International Labor Organization 42 G3
Land Reclamation Company 31 M7
Military Camps 52 G4
Military Factory 54 54 E8
Ministry of Social Solidarity 44 C3
Ministry of Agriculture 31 L8
Ministry of Culture 20 A8
Ministry of Foreign Affairs 33 H2
Ministry of Health 44 D2
Ministry of Higher Education 44 C3
Ministry of Industry 33 J9
Ministry of Information 33 H2
Ministry of Interior 44 E1

Ministry of Justice 44 E1
Ministry of Manpower Training 14 F8
Ministry of Petroleum 40 E7
Ministry of Planning 14 G8
Ministry of Power and Electricity 25 J3
Ministry of Religious Endowments 33 N7
Ministry of Transportation 44 D1
Mugamma' al-Tahrir 33 K8
Nahdat Misr 42 F8
Nasr City Police Station 28 D5
Nasr City Water Station 26 B9
National Research Center 42 B3
National Training Center 25 M6
New Cairo Court 69 M7
New Cairo Police Station 1 71 L1
Nuclear Energy Authority 40 F7
al-Nuzha Police Station 10 E2
Parliament 44 D1
Railway Repair Yard 22 F5
Rescue Police Station 57 K2
al-Riqaba al-Idariya 16 C9
Satellite Station 52 F9
Satellite Transmission Station 55 N1
al-Sayyida Zeinab Police Station 44 G6
Shaykh Zayid Council 66 G6
Solar Energy Institute 42 C3
Ubra Central 34 D3

HOSPITALS
6 October Hospital 56 B9
6 October University Hospital 59 N2
'Abbasiya Fever Hospital 25 K6
'Abbasiya Mental Hospital 25 K4
'Abbasiya Respiratory Hospital 37 K1
Abu al-Rish Pediatrics Hospital 44 B8
Agriculturalists Hospital 31 M9
Ahmad Mahir Hospital 45 L1
'Ain Shams Specialized Hospital 13 J9
Air Force Hospital 24 A7
Air Force Specialist Hospital 69 N3
Almaza Military Hospital 17 J9
Anglo-American Hospital 32 D6
Arab Contractors Hospital 37 M2
Cairo University Hospital 47 K6
Children's Cancer Hospital 49 L2
Dar Fu'ad Hospital 62 A1
Dar al-Shifa 24 B2
al-Dimirdash Hospital 24 C1
District 7 Medical Center 59 J1
Eye Disease Research Institute 48 A6
Fever Military Hospital 17 N8
Fourth District Medical Center 71 K1
Ghada 'Afifi Hospital 59 M6
Greek Hospital 24 D5
Health Insurance Hospital 27 L9
Heliopolis Hospital 10 C3
al-Husayn Hospital 35 L7

International Arab Hospital 27 H6
Italian Hospital 24 D5
Kubri al-Qubba Military Hospital 13 M5
Ma'adi Military Hospital 54 D9
Ma'adi Mubarra Hospital 54 F8
Ma'adi Specialized Hospital 54 D4
Muqattam Hospital 49 P3
New Qasr al-'Aini Hospital 44 A7
Palestine Hospital 16 D5
Prima Vista Medical Center 59 K4
Qasr al-'Aini Hospital 43 N5
Sports Medical Center 26 G4
'Umar Shahin Hospital 59 N8
al-Wafa' Hospital 60 A8
al-Wafa' wal-Amal Hospital 41 K7

HOTELS
Atlas Hotel 19 K9
Baron Hotel 15 P4
Cairotel Hotel 54 A5
Conrad Hotel 20 G4
El Gezirah Sofitel Hotel 43 M1
Grand Hyatt Hotel 43 N4
Hotel Semiramis 33 J9
Lake View Residence 72 A1
Landmark Hotel 69 N3
Ma'adi Hotel 54 B5
Marriott Hotel 20 E9
Nabila Hotel 19 K8
Novotel Hotel 32 F8, 62 B1
Pyramisa Hotel 43 J2
Ramsis Hilton 33 H4
Ritz Carlton 33 J7
Safir Etap Hotel 42 F4
Safir Zamalek 20 D3
al-Safwa Motel 68 E6
Salam Hotel 7 J2
Saraya Hotel 59 J5
Shahrazad Hotel 19 P9
Shepheard Hotel 33 H9
Sheraton 43 K1

MISCELLANEOUS
'Abbad al-Rahman Mosque 69 M5
'Abbasiya Orthodox Cathedral 24 A2
Almaza Airport 17 L2
Arabia Mall 64 E4
'Ataba Car Park 34 C3
Building Vodafone 56 A8
Cairo Plaza Tower 20 G6
Cairo War Memorial Cemetery 49 H7
Ceramica Cleopatra 67 L3
Christian Cemetery 16 B9, 71 J6
City Scope Mall 56 G2
City Star Shopping Center 56 F3
City Stars 28 G2
Diamond Mall 59 L3
Down Town Mall 68 G3

Duty Free Shop 30 E6
Egyptian National Bank 69 N2
Enppi Petroleum 40 D8
Exhibitions Ground 25 N3
al-Faruq Mosque 54 D1, 69 J4
al-Faruq Shopping Center 57 J6
Fatma Husayn Mosque 69 H6
Fatma al-Sharbutli Mosque 72 A7
Fayruz Shopping Center 59 J7
Gabi Mall 57 P1
Gadda Shopping Center 56 E7
Gamal 'Abd al-Nasir Mosque 13 L5
Gasco Company 69 H2
Gazira Plaza 66 E6
Giza Railway Station 47 K9
Grand Center 58 F4
Grand Mall 57 L2
Graveyard 35 N1
al-Hakim Shopping Center 57 K5
al-Hamad Mosque 69 K8
Hasan al-Anwar Mosque 69 N9
Heliopolis War Cemetery 15 N8
al-Husayniya Mosque 35 K6
al-Ihsan Mosque 69 M4
Integrated Care Center 16 B5
International Bus Station 25 J4
International Conference Center 26 C7
Islamic Complex 66 C2
Liberty and Friendship Garden 32 F9
Lu'lu'at 6 October Shopping Center 58 F1
al-Madina al-Munawwara Commercial Complex 60 A9
al-Madina Shopping Center 57 K3
Makhazin al-Sikka al-Hadid 25 J7
al-Ma'mun Shopping Center 56 F7
Mercato Mall 68 G8
Merryland Shopping Center 59 L6
Metro Warehouse 24 G6
Military Survey Authority 13 H8
al-Murshid Mosque 61 L7
Muslim Cemetery 71 J7
Mustafa Mahmud Mosque 31 H3
al-Mustafa Mosque 72 E6
Myrvana Shopping Center 57 H6
al-Nahda Shopping Center 57 K8
Omar Effendi 40 G4
Paper Market 34 D4
Petroleum Company Storage 7 N1
al-Quds Mosque 69 L9
Ramo Mall 62 G9
Ramsis Railway Station (Mahattat Masr) 22 B6
Rana Mall 58 G8
Raya Plaza 66 D8
Saint Mark Church 72 E5
Saint Murqus Church 56 F3
al-Sharq al-Awsat Commercial Complex 60 A8

Sirag Mall 41 H4
Sonny Shopping Center 56 D9
Sulayman Mosque 69 L5
Ta'mir Market 58 E2
Tiba Grand Mall 56 A8
Wikalat al-Balah Market 20 G7
Wikalat al-Ghuri 35 J7
World Trade Center 20 G5
Yasmin Mall 58 G2
Zamzam Mall 59 K4

PLACES OF INTEREST
'Abdin Palace 34 B9
al-Abrar Mosque 57 J5
Agricultural Museum 31 L6
'Amr Ibn al-'As Mosque 49 J9
Azbakiya Park 34 C3
al-Azhar Mosque 35 J7
al-Azhar Park 35 L9
al-'Aziz Mosque 59 P6
Bab al-Futuh 35 K1
Bab al-Nasr 35 L2
Bab Zuwela 35 H9
Balloon Theater 19 P7
Baron's Palace 15 N3
Barquq Mausoleum 36 C5
Bayt al-Harrawi 35 K8
Bayt Zaynab Khatun 35 K7
Bustan al-Zaytun 27 H7
Cairo Tower 32 E6
Cairo Zoo 42 G9
Cinema Sfinkis 19 L7
Crazy Water 67 N1
Egyptian Museum 33 J6
Fontana Cinema 52 E9
Future Mall 71 L6
Gininat al-Asmak (Fish Garden) 32 B1
Good News Cinema 67 H5
Gumhuriya Theatre 34 A7
al-Hakim Mosque 35 K2
Hasan Sultan Mosque 45 N6
al-Husari Garden 59 J4
al-Husari Mosque 59 K5
Hyper One 67 P1
Ibn Tulun Mosque 45 K8

'Imad Ragab Mosque 57 N7
International Garden 40 B5
Islamic Ceramics Museum 32 D1
Islamic Museum 34 E8
Manyal Palace 43 P8
Merryland Gardens 9 J7
Monument to the Unknown Soldier 26 E6
Mr.&Mrs. Muhamad Mahmud Khalil Museum 43 J4
Mukhtar Center 60 D7
Mukhtar Sculpture Museum 43 M1
Museum of Modern Egyptian Art 32 E8
National Circus 19 P8
National Theatre 34 C3
Public Garden 41 H4
Qaitbay Mausoleum 36 A8
Qasr al-Ghuri 35 H7
Qasr al-'Uruba 15 H2
al-Qattamiya Public Gardens 70 B9, F9
Qubba Palace 13 L2
Ragab Papyrus Institute 43 K4
Railway Museum 22 C6
al-Rifa'I Mosque 45 P3
al-Sayyida Zeinab Mosque 44 F6
Siag Mosque 63 J2
al-Tahra Palace Qasr al-Tahra 8 C7
al-Tahrir Gardens 32 F9
Urman Gardens 42 G7

SPORTS CLUBS
6 October Club 60 E8
Agriculturalists Club 31 J6
Almaza Club 17 J4
Arab Contractors Club 37 M3
Azhar University Teachers Club 38 C4
Bank al-Ahli Club 19 M6
Cairo Stadium 26 B3
Egyptian Weapons Club 34 B3
Engineers Club 61 N1
Equestrian Club 32 F6
Gazira Youth Center 32 D4
Greek Cultural Center & Club 9 P9
Heliolido Club 8 F9

Horse Race Track 7 L3
Istad al-Sibaha 26 E2
Istad al-Sibaha Swimming Pool Stadium 14 E9
al-Khalidin Club 35 M7
Lawyers Club 64 A7
Ma'adi Sporting& Yacht Club 55 H2
Nad al-Zamalik 19 J8
Nadi al-Ahli Ahli Club 32 D7
Nadi al-Azhar 36 C1
Nadi al-Gala' 10 F9
Nadi al-Gazira Gezira Club 32 D2
Nadi al-Ghaba (al-Ghaba Club) 10 C5
Nadi Heliopolis (Heliopolis Club) 14 G3
Nadi al-Masani' al-Harbiya 15 M7
Nadi al-Nasr 9 N3
Nadi al-Qahira - Cairo Sporting Club 43 L1
Nadi al-Shams 7 H3
Nadi al-Shurta Police Club 32 D5
Nadi al-Sid 31 H8, M8
Nadi al-Tirsana 19 H6
New Cairo Youth Center 71 M1
Olympic Centerfor National Teams 52 E8
Police Officers Club 38 B5
Police Sporting Union 36 A2
al-Qattamiya Future Youth Center 71 H7
Qattamiya Heights & Country Club 70 E2
al-Qattamiya Sporting Club 72 B1
Railway Club 38 A1
Rowing Club 43 K3
al-Shams Club 7 H3
Swimming Pool Stadium 26 E2
Swiss Club 19 N2
Tal'at Harb Club 19 N4
Tawfiqiya Club 19 K4
Teachers Club 32 E7
Yacht Club 43 K4
al-Zuhur Club 27 H5, 74 A3